Compassion et Sagesse

Tenzin Gyatso
Sa Sainteté le XIVe Dalaï-Lama
Entretiens avec Felizitas von Schönborn

Compassion et Sagesse

Traduit de l'allemand par Brigitte Dechin

Préface de Wei Jingsheng, dissident chinois

Michel Lafon

Titre original :
Mitgefühl und Weisheit

7-13, boulevard Paul-Émile-Victor – 92521 Neuilly-sur-Seine

PRÉFACE

Ce serait une gageure de prétendre cerner en quelques pages une personnalité aussi riche que celle du dalaï-lama. Il nous a paru plus judicieux de lui laisser la parole et de recueillir dans un ouvrage le fruit de nos conversations à bâtons rompus. Il nous a parlé du bouddhisme tibétain et de son ancrage dans la modernité, de la liberté religieuse au Tibet, des rapports entre la politique et la religion, de la crise spirituelle que traversent nos sociétés, de ce que les uns et les autres entendent par « bonheur »... Le dalaï-lama est un homme exceptionnel qui ne laisse pas de nous surprendre par la pluralité de ses talents et son ouverture d'esprit. Sa double fonction de chef politique et religieux l'a amené à déployer toute son énergie au service de son peuple. Des livres entiers ne suffiraient pas à raconter ce destin incroyable.

Après avoir entretenu une longue correspondance avec lui durant plusieurs années, j'ai eu enfin l'occasion, il y a trois ans, de le rencontrer en personne. Notre entente a été immédiate, comme si nous nous connaissions depuis toujours. Nous nous sommes tout de suite liés d'amitié. J'ai été fortement impressionné par sa grande sagesse. On dit en Chine que les êtres qui ont connu l'« Éveil » se distinguent souvent par leur modestie et leur simplicité. Cela s'applique parfaitement à cet homme qui est à la fois humble, franc et gai comme un enfant. Bien qu'il ait grandi dans le palais du Potala, coupé du monde extérieur, il a la faculté déconcertante de comprendre le destin de gens aux parcours totalement différents du sien.

Dès notre première entrevue, nous avons bien entendu parlé de la République populaire de Chine et des souffrances qu'elle a infligées tant aux Tibétains qu'aux Chinois de la province de Han. Il éprouve la plus profonde compassion pour eux mais n'en oublie pas pour autant tous ceux qui vivent ailleurs sur terre dans l'oppression. Il se bat pour la libération de tous les hommes privés de leurs droits par le totalitarisme. Son engagement dépasse le cadre de la simple tolérance.

J'aimerais redire ici toute l'admiration que je voue au dalaï-lama, à cet être qui a connu l'Éveil, à cet homme exemplaire qui fait preuve d'une grande acuité d'esprit et d'une infinie sagesse.

WEI JINGSHENG
New York, novembre 2001

INTRODUCTION

Un homme à l'image de son enseignement

Que ce soit à Paris, à Vienne, à Londres ou à Zurich, les apparitions publiques du dalaï-lama attirent des cohortes de gens. Quelles que soient les raisons qui l'ont conduit jusque-là, chacun repart en emportant des paroles empreintes de sagesse et de compassion. Son discours, souvent teinté d'humour, est accessible à tous. Pour beaucoup aujourd'hui, le XIVe dalaï-lama incarne à la perfection la sagesse orientale et la vision du monde propre au bouddhisme. Notre époque avide de sensations, à la recherche de stars, n'offre plus de figures édifiantes permettant à l'individu de s'identifier – comme disent les psychologues. Nul doute que le chef religieux des Tibétains est à l'image de son enseignement. Il est le porte-parole de Bouddha, qui préconise de faire le bien, d'éviter le mal et de purifier son cœur.

Après avoir parcouru la terre entière, rencontré ceux qui la gouvernent et discuté avec des personnalités de premier plan comme avec des gens très simples, le dalaï-lama n'établit aucune distinction entre les uns et les autres : tous font partie d'une même et unique grande famille. Poursuivrait-il un vieux rêve, une utopie chimérique ? En aucun cas ! Il part d'un simple constat : la mondialisation met en péril l'humanité, et le sort de chaque homme est aujourd'hui lié plus que jamais à celui de son voisin. Le dalaï-lama semble être le contre-exemple vivant de l'assertion de Rudyard Kipling : « L'Orient, c'est l'Orient, et l'Occident, c'est l'Occident, les deux ne pourront jamais se rencontrer. »

Le dalaï-lama prône dans son enseignement la coexistence pacifique entre les hommes. Malgré nos importantes diversités culturelles, nous sommes tous, à l'évidence, de simples mortels aspirant au bonheur, et fuyant les souffrances et les vicissitudes de l'existence.

C'est ce qu'on appelle en France la condition humaine ; personne ne peut y échapper. Aux antipodes du discours du politicien qui brigue sa réélection ou des prêches du missionnaire exalté, le dalaï-lama se fait l'avocat du respect de principes vertueux à suivre en toutes circonstances pour le bien de l'humanité et plaide en faveur d'une règle d'or. Son message ne cherche qu'à inciter l'homme à adopter une attitude moralement juste envers son prochain, ainsi que le clamait Hillel l'Ancien : « Ne fais pas à autrui ce que tu n'aimerais pas qu'il te fasse. » Les grands commandements du bouddhisme posent les lignes directrices d'une conduite où le respect de l'autre donne satisfaction à tous. Ennemi de tout excès, le bouddhisme propose une voie intermédiaire à mi-chemin entre la crédulité et le scepticisme.

Nous voici à Genève, dans le hall d'un hôtel bruissant du bourdonnement incessant des convives qui attendent de passer à table. Une centaine d'invités, parlant toutes les langues, échangent des banalités autour d'un apéritif. Ils sont venus écouter les paroles de Sa Sainteté le XIVe dalaï-lama. Je saisis au détour d'une conversation une remarque pertinente faite par une Américaine : *« The dalaï-lama... he is such a funny little guy ! »* (« Le dalaï-lama, c'est un petit bonhomme tellement drôle. ») Puis elle poursuit en dressant le portrait d'un homme pétillant de vie, qui aime plaisanter sans jamais se prendre au sérieux.

Après quelques allocutions émaillées de clichés séduisants, l'ennui semble gagner l'assemblée. Or, dès que « l'humaniste bouddhiste », comme il se nomme lui-même, prend la parole, la salle sort de sa torpeur. Tous sont saisis par ses propos et surpris par son mode d'expression.

Les lunettes de Gandhi

À l'automne 1988, lorsque je l'ai rencontré pour la première fois à l'occasion du Conseil ecclésiastique international, des Tibétains étaient venus des quatre coins de la Suisse et attendaient patiemment devant la porte d'entrée leur chef spirituel et religieux, l'incarnation du bodhisattva Chenresig. Le dalaï-lama fit enfin son apparition d'un pas décidé, vêtu de sa robe rouge grenat et orange safran. Le rouge est la couleur de la compassion, le jaune celle de la sagesse. Quand les Tibétains se sont prosternés devant lui, le quinquagénaire s'est vivement précipité pour relever ces jeunes bouddhistes. Ce geste restera gravé à tout jamais dans ma mémoire, car il illustre parfaitement son humilité, sa modestie, la ferveur de sa foi et sa sollicitude aimante.

Parfaitement au courant des évolutions récentes de la politique, il a répondu aux questions de la presse sur l'implantation forcée de populations chinoises au Tibet et parlé des souffrances de son peuple opprimé. Le dalaï-lama affirme qu'il est devenu un homme politique malgré lui. Et pourtant, si la communauté internationale n'a pas complètement oublié le drame qui s'est déroulé au Tibet, c'est bien grâce à lui et à sa personnalité exceptionnelle. Il ne renonce jamais à son humour, même sous les assauts des appareils photo. À la question d'un journaliste qui lui demandait ce qui le distinguait du Mahatma Gandhi, il a répondu d'un air espiègle : « Nos lunettes ! ». Et si on veut en savoir plus sur ce qu'on appelle l'Éveil, et le sien en particulier, il a coutume de répondre avec un sourire amusé par un proverbe tibétain : « Tous les êtres de l'Éveil sont omniscients, mais ils ne savent rien. » Il a retiré du bouddhisme une philosophie de la vie qui l'aide à alléger par le rire et la joie le lourd fardeau de l'existence.

Depuis 1985, le dalaï-lama se rend régulièrement en Suisse, où réside une importante communauté tibétaine – près de deux mille membres. Jusqu'en 1991, la Suisse, à l'instar d'autres puissances occidentales, voulant ménager ses relations diplomatiques avec la Chine pour des raisons essentiellement économiques, n'avait pas cru bon de le recevoir. En août de cette même année, le président de la Confédération helvétique eut l'initiative courageuse de le rencontrer à Berne. Le dalaï-lama remercia chaleureusement les citoyens suisses et les pria de l'excuser par avance des désagréments que cette rencontre pourrait leur valoir ultérieurement. Tenzin Gyatso s'adressa à eux avec cette courtoisie qui ne le quitte jamais, même lorsqu'il parle de ses adversaires politiques, les Chinois, qui privent son peuple des droits élémentaires. Apôtre de la non-violence, son discours n'est jamais inspiré par la haine mais par l'amour, la bonté et la compréhension.

Le chef spirituel des Tibétains fait exception dans cet environnement politico-religieux conflictuel. Le fanatisme religieux des talibans wahhabites en Afghanistan, qui prêchent la haine et ont recours à la violence meurtrière, lui est aussi étranger que la théologie de la libération en Amérique latine. Là-bas, les classes dirigeantes ne se maintiennent au pouvoir qu'avec le renfort des escadrons de la mort. En gardant le silence sur des actes révoltants, l'Église catholique se fait complice du pouvoir politique. De surcroît, les théologiens de la libération n'hésitent pas non plus à recourir aux armes pour soutenir les populations opprimées des zones rurales et se laissent emporter dans les turbulences du pouvoir et de l'opposition.

Une philosophie de la joie dans une vallée de larmes

Lors de la cérémonie religieuse qui eut lieu en août 1991 pendant la fête internationale du sept centième anniversaire de la Suisse à Zurich, le dalaï-lama entonna avec une profonde ferveur une vieille chanson bouddhiste devant plus de deux mille personnes. À côté de lui, Eugen Drewermann, le célèbre chrétien hétérodoxe de Paderborn, apparut comme un être las et effacé. Le dalaï-lama, comme Démocrite – le grand penseur grec –, pratique une « philosophie de la joie ». Il ne confond pas l'authenticité de la compassion avec la sensiblerie de l'apitoiement.

Au printemps 1993, j'ai eu l'occasion de retrouver le prix Nobel de la paix à l'occasion de la conférence sur les droits de l'homme à Vienne. La Chine avait tout fait pour écarter le dalaï-lama, de peur qu'il ne plaide devant les Nations unies la cause des six millions de Tibétains victimes d'atrocités sous sa domination. Cette tentative de mise au ban se solda par un intérêt accru du monde pour la cause tibétaine. En revanche, les Chinois ont toujours pris au sérieux le dalaï-lama. Mao aurait dit en apprenant sa fuite réussie : « Je crois que nous avons perdu la bataille du Tibet. » Il n'avait pas sous-estimé la résistance du peuple tibétain : aujourd'hui encore, après quarante ans de propagande antireligieuse, le Tibet demeure l'un des pays les plus pieux au monde. Le dalaï-lama en exil reste la figure emblématique de la non-violence.

Nous bavardons... Et ses éclats de rire contagieux ponctuent nos conversations. Une de mes collègues m'a un jour confié qu'il n'y avait rien de tel pour se redonner du courage dans les moments de cafard que d'écouter ces éclats de rire. Un va-et-vient de moines et de collaborateurs dévoués anime les couloirs de cet hôtel de Vienne. On peut lire sur leurs visages le respect que leur inspire le dalaï-lama. Il n'en est pas moins attentif à chacune de mes paroles – ses interlocuteurs sont unanimes pour souligner sa grande capacité d'écoute. Il me répond dans un anglais hésitant et inimitable, sans omettre de saluer tous ceux qui franchissent la porte car tous sont les bienvenus. L'accueil de l'autre et la sollicitude font partie des vertus cardinales de la doctrine bouddhiste.

Méditation et pouvoir politique

Le dalaï-lama réunit des qualités exceptionnelles : il associe l'ingénuité de l'enfant touché par la grâce à la détermination de l'homme politique et à la vivacité d'un esprit nourri de philosophie. Il émane de lui à la fois une bonté et une bienveillance qui préviennent inquiétude et méfiance. Il s'exprime simplement, sans aucune affectation, et réussit pourtant à faire vibrer les ressorts les plus profonds de l'âme. La méditation quotidienne y est pour quelque chose : loin d'être pour lui un moyen de se retrancher du monde, elle lui donne la force de préserver son authenticité dans ses multiples rencontres, ses voyages à travers le monde et sa vie de personnalité médiatique. Il se dégage de lui une grande sagesse issue d'une tradition millénaire. Il incarne le bouddhisme tibétain, la forme la plus aboutie et la plus complète qui soit de cette religion aujourd'hui. Sa pensée très élaborée ne l'empêche pas de savoir mettre à la portée de chacun son message d'humanité.

Tenzin Gyatso, le XIVe dalaï-lama, est issu d'une famille rurale. Il en a gardé la robustesse des gens qui travaillent la terre. Formé dans la tradition monacale ancestrale, il évolue de nos jours, à la différence de ses prédécesseurs, sur la scène politique internationale et se bat pour la cause du peuple tibétain. Il s'intéresse aussi aux nouvelles technologies et aux dernières découvertes scientifiques. Il aime discuter avec les scientifiques occidentaux des progrès accomplis dans leur discipline.

Le dalaï-lama s'attache à jeter des passerelles entre différents univers : entre le bouddhisme primitif, vieux de deux mille cinq cents ans, et la physique nucléaire, entre la lenteur orientale et l'agitation occidentale, entre les doctrines religieuses et les intérêts politiques, entre la contemplation méditative et l'activité fébrile de la société. Depuis qu'il a reçu en 1989 le prix Nobel de la paix consacrant ses efforts inlassables pour bâtir un monde plus humain, il est considéré comme l'un des plus grands guides spirituels de notre époque.

Le lac des visions

La façon dont les Tibétains ont recherché leur chef ne laisse pas d'étonner les Occidentaux. Traditionnellement, c'est au gouvernement de Lhassa que revient la mission de découvrir le nouveau dalaï-lama. Comme chaque dalaï-lama est la réincarnation de son prédécesseur, il faut attendre quelques années après sa mort pour que les dignitaires se mettent en quête de la nouvelle incarnation. À la mort du XIIIe dalaï-lama, en 1933, l'Assemblée nationale nomma Reting Rimpoché régent afin d'assurer la transition. Deux ans plus tard, le régent se rendit en compagnie de différents dignitaires sur les rives du lac sacré de Lhamo-Latso, non loin du monastère de Chokhorgyal, à cent cinquante kilomètres au sud de Lhassa. Les Tibétains connaissent ce lac, ils le consultent régulièrement car il est réputé accorder à celui qui vient l'interroger des visions de mondes invisibles au commun des mortels. Reting Rimpoché et sa suite lurent à la surface de l'eau trois syllabes : « Ah, Ka, Ma. » Ils virent aussi apparaître un monastère aux toits de tuiles dorées et vertes ainsi qu'une petite ferme aux ardoises bleu turquoise. Ils se gardèrent bien de divulguer cette vision.

Voilà de quoi surprendre les Occidentaux imperméables à ces récits qu'ils assimilent à des contes. Ces moines sillonnant le toit du monde en quête de signes révélateurs rappellent l'histoire des trois rois mages à la recherche de l'Enfant Jésus. De nos jours encore, le dalaï-lama et son gouvernement consultent l'oracle Nechung même sur des questions d'ordre politique. Intermédiaire entre le monde terrestre et le monde spirituel, l'oracle possède des dons de clairvoyance dont Tenzin Gyatso, l'actuel dalaï-lama, ne dispose pas, comme il le précise lui-même.

Quand on l'interroge sur la vision de Reting Rimpoché au lac sacré de Lhamo-Latso, le dalaï-lama répond avec son humour laconique : « Ce n'est que l'ancêtre de la télévision. » Mais cette pratique est courante au Tibet depuis des millénaires ; les sciences dites exactes n'ont pas encore étudié ces techniques de concentration qui permettent d'aller au-delà de la surface des choses. Pour les grands lamas, ces phénomènes qualifiés de paranormaux sont normaux ; alors pourquoi devraient-ils s'en préoccuper ? Ils ont mieux à faire : leur objectif essentiel est d'amener leur conscience vers la sollicitude aimante envers tous les êtres.

Le lama de Sera veut des preuves

En 1937, on décida d'envoyer différentes délégations à la recherche de ces bâtiments qui avaient été aperçus à la surface du lac sacré. S'ajoutait à la vision un autre indice. Le corps du XIIIe dalaï-lama défunt avait été placé sur son trône, le visage dirigé vers le sud. Or, un peu plus tard, la tête s'était tournée vers l'est. On concentra donc les recherches dans cette direction. Kwetsang Rimpoché, du monastère de Sera, et sa délégation découvrirent au nord-est de la province d'Amado, dans le Dokham, le monastère de Kumbum avec ses toitures dorées et vertes, puis un peu plus loin, dans un hameau voisin à Trakster, une ferme couverte de tuiles turquoise. Ces deux bâtiments correspondaient à la vision. Avant que les trois moines ne pénètrent dans la maison, Kwetsang Rimpoché échangea ses vêtements avec ceux de son serviteur. Il prit soin de conserver sur lui le rosaire du XIIIe dalaï-lama.

Dès que le prétendu domestique se fut installé dans la cuisine, Laos Thonier, né le 6 juillet 1935 et alors âgé de deux ans, grimpa spontanément sur ses genoux et s'empara sur-le-champ du rosaire. Le Rimpoché promit à l'enfant le chapelet à condition qu'il devine son identité. Le garçonnet lui répondit sans attendre : « Tu es le lama de Sera. » Et il ajouta dans la foulée les noms des deux autres lamas qui faisaient partie de la délégation. Le Rimpoché lui fit ensuite subir d'autres épreuves.

Il lui présenta des objets dont certains avaient véritablement appartenu au dernier dalaï-lama décédé, et d'autres non, en particulier deux rosaires noirs, deux jaunes et deux moulins à prières. L'enfant reconnut sans difficulté ceux du défunt. Quant il dut choisir entre les deux bâtons de pèlerin, il hésita puis prit le bon. Ce choix renforça les présomptions du lama. Tout laissait à penser que l'enfant était effectivement la réincarnation de feu le XIIIe dalaï-lama. En effet les deux bâtons lui avaient bien appartenu, mais celui que l'enfant avait choisi était celui que le dalaï-lama utilisait couramment, alors que, ne se servant presque jamais de l'autre, il l'avait offert en cadeau.

Le seigneur du Lotus blanc monte sur le trône

Tout le monde s'accorda à penser que la syllabe « Ah » aperçue sur les eaux du lac renvoyait au district d'Amado, « Ka » indiquait le monastère de Kumbum et « Ma » le monastère de Karma Polpai Dorje. Le XIIIe dalaï-lama y avait fait halte à son retour de Chine. Tous ces détails significatifs confirmaient les quasi-certitudes des enquêteurs. Mais Ma Pou-feng, le gouverneur musulman de la région à la solde des Chinois, se refusait à laisser partir l'enfant et réclamait une rançon. Les négociations furent âpres. Il fallut attendre 1940 et le versement d'une forte somme pour que l'enfant, alors âgé de cinq ans, et sa famille fussent autorisés à gagner la capitale.

À Lhassa, il reçut le nom de Tenzin Gyatso et fut reconnu officiellement comme le XIVe dalaï-lama. Le jour de son intronisation, on lui donna encore d'autres noms : « Le seigneur du Lotus blanc, Le Joyau-qui-exauce-tous-les-désirs, Le Précieux Victorieux, Le Maître incomparable ». Les Tibétains se contentent de l'appeler Kundun, ce qui signifie dans leur langue « La Présence ». C'est à cette époque que l'enfant fit ses premiers pas sur un chemin difficile. Il ne pouvait pas imaginer ce qui l'attendait.

Bonnets jaunes et bonnets rouges

On ne peut comprendre le rôle du dalaï-lama sans donner quelques explications préalables. Il est à la fois le chef religieux et politique du Tibet, et il dirige l'ordre des Gelong-Pa, « ceux qui pratiquent la vertu », également appelé ordre des bonnets jaunes en raison des coiffures que portent ses membres. Vient ensuite par ordre d'importance dans la hiérarchie l'école des bonnets rouges, la *kagyü*, avec à sa tête le karmapa. En 1992, le dalaï-lama désignait Ugyen Trinley, tout juste âgé de quatorze ans, comme le XVIe karmapa. Au début de l'an 2000, ce dernier a fui son monastère tibétain de Tsurphu et traversé l'Himalaya pour rejoindre la province de Dharamsala, dans le nord de l'Inde.

Le dalaï-lama et le karmapa sont pour les bouddhistes des bodhisattvas, c'est-à-dire des êtres qui aspirent au grand Éveil. À leur mort, ils parviendront dans le nirvana, mais par miséricorde *(karuna)* ils renonceront au nirvana jusqu'à ce que tous les êtres soient eux-mêmes délivrés. Ils sont des réincarnations du bodhisattva Chenresig (personnification d'une déité singulière qui veille sur le Tibet) ; littéralement, le mot *chenresig* signifie en tibétain « celui qui voit ».

Chenresig est le saint patron du Tibet. Rien ne se passe au pays des Neiges éternelles sans son intervention. Le roi Srong-stan-gampo (620-649), le « Père du peuple tibétain », est considéré comme sa réincarnation. La progression sur la voie spirituelle commence par l'élévation du cœur vers l'Éveil *(bodhichitta)*, marquée par la prononciation d'un vœu *(pranidhana)*, promesse faite d'atteindre la perfection.

Le garant des traditions religieuses

Sous l'autorité des dalaï-lamas, le Tibet est devenu au cours des siècles un État religieux avec des institutions monastiques fortement hiérarchisées. La Révolution culturelle chinoise a détruit les fondements de cet édifice. Il n'en demeure pas moins que le dalaï-lama se porte garant de la libre pratique de tous les courants religieux issus de la tradition bouddhiste au Tibet, mais aussi de croyances plus anciennes telles que le *boen* ou la religion musulmane, qui cohabitent sur le toit du monde.

Tout de suite après le dalaï-lama dans la hiérarchie ecclésiastique, se trouve le panchen-lama, considéré comme la réincarnation du très populaire Bouddha Amitabha. À la mort d'un dalaïlama, le panchen-lama était considéré jusqu'à présent comme son représentant spirituel. Le dernier panchen-lama est mort subitement en juillet 1989, dans des circonstances qui restent à ce jour inexpliquées.

En 1995, le dalaï-lama lui nommait un successeur, âgé de six ans : Gendum Choekyi Nyima. Les Chinois ripostèrent en désignant un panchenlama de leur choix. On ne sait rien du sort que la Chine a réservé à Nyima et à ses parents. À en croire les rumeurs, il aurait été exilé dans une province reculée du Tibet. Les Tibétains en exil considèrent Nyima comme le plus jeune prisonnier politique du monde. Il semble que Pékin ait donné récemment son accord pour que les dignitaires religieux nommés par le dalaï-lama participent à sa recherche.

Lorsque le dalaï-lama arriva tout enfant au palais du Potala, il fut confié à Ling Rimpoché et à Trijang Rimpoché, qui se chargèrent de sa formation religieuse. Il ne retrouva ses parents, désormais anoblis, qu'un mois après son arrivée. Il fit grande impression par ses facultés intellectuelles précoces. Heinrich Harrer, célèbre en Europe pour son livre *Sept Ans au Tibet*, rapporte que le jeune dalaï-lama faisait déjà preuve à l'époque d'une grande indépendance d'esprit. Il se démarquait ainsi d'un bon nombre de ses prédécesseurs qui, toute leur vie durant, n'avaient été que des marionnettes sous la coupe de leurs maîtres et s'étaient laissé dessaisir du pouvoir en faveur du régent.

Harrer, qui fit partie durant un temps des proches du petit dalaï-lama, brosse de lui un portrait étonnant : « Cet enfant possédait une intelligence prodigieuse. Il lui suffisait de lire un livre une seule fois pour le connaître par cœur. Très tôt, il s'intéressa aux affaires de l'État, critiqua ou félicita l'Assemblée nationale pour ses décisions. » Ce n'est qu'à l'âge de quinze ans que le dalaï-lama aborda les enseignements religieux.

Très tôt appelé aux affaires de l'État

Lorsque la Chine communiste se fit plus menaçante, le dalaï-lama, tout juste âgé de seize ans à l'époque, prit en main les rênes du pouvoir politique. Comme ses prédécesseurs, il tenta de démocratiser le Tibet, soumis à un régime strictement théocratique, mais il rencontra une forte opposition. Il voulut abolir la loi sur les dettes transmises par succession qui condamnaient de nombreuses familles à la pauvreté. Cela contraria beaucoup la noblesse tibétaine, qui se sentait atteinte dans ses privilèges. Il voulut mettre en place un enseignement démocratique pour tous. Ce dalaï-lama réformateur déplaisait fortement à l'occupant chinois, qui voulait s'arroger le mérite de libérer le peuple tibétain du système féodal.

Le dalaï-lama fut subitement projeté sur la scène politique internationale et devint un homme politique à son « cœur défendant ». Ses premiers pas furent hésitants. Les Chinois réduisaient de plus en plus l'autonomie accordée au Tibet. En 1954, il se rendit avec le panchen-lama à Pékin, où il tenta en vain de négocier avec Mao

Zedong et Zhou Enlai la liberté du Tibet. En 1956, il rencontra en Inde le Premier ministre Nehru. Mais ce dernier le reçut en tant que chef religieux et ne lui accorda aucun soutien sur le plan politique.

Alors que la situation des Tibétains se dégradait dramatiquement, le dalaï-lama préféra s'exiler en Inde, emmenant avec lui près de cent mille Tibétains, et fonda à Dharamsala un gouvernement en exil. L'une de ses principales préoccupations reste encore aujourd'hui de faciliter l'implantation des nombreux compatriotes qui le rejoignent en Inde. En 1963, il rédigea une constitution garantissant au peuple tibétain un régime démocratique. La communauté internationale n'accorda à cette époque aucune attention à ce gouvernement en exil – à l'exception de deux ou trois résolutions sans lendemain de l'ONU. À la différence de Nehru, il n'a jamais été reconnu en sa qualité de chef politique ; les politiciens occidentaux l'ont cantonné dans sa fonction de chef religieux.

Lorsque la République populaire de Chine fit son entrée aux Nations unies, la question tibétaine fut mise sous le boisseau jusqu'en 1991. La Chine représentait un marché potentiel non négligeable que convoitaient les pays désireux d'établir des relations commerciales avec ce pays. En soulevant la question des atteintes aux droits de l'homme, ils craignaient de se fermer un marché intéressant. En juin 1993, lors de la conférence des droits de l'homme à Vienne, la Chine obtint l'exclusion du dalaï-lama dans les négociations. Alois Mock, le ministre autrichien des Affaires étrangères, et président pour l'heure de la conférence, intervint pour lever cette interdiction. À l'occasion de sa vingt-deuxième visite en Allemagne, en 1999, le dalaï-lama fut reçu par le ministre des Affaires étrangères, Joschka Fischer, et par le ministre de l'Intérieur, Otto Schily. Lors de ces entretiens, le dalaï-lama plaida pour une solution d'entente avec Pékin sur la base d'une véritable autonomie culturelle du Tibet. Le gouvernement allemand se refusa néanmoins à soutenir l'indépendance du Tibet ; il ne modifierait pas sa politique à l'égard de la Chine.

En août 2000, la République populaire de Chine exerça de telles pressions que le dalaï-lama fut encore écarté du Millenium à New York. Ce colloque réunissait plus d'un millier de chefs religieux, toutes confessions confondues, avec pour objectif l'éradication des tensions d'origine religieuse en vue de l'établissement de la paix dans le monde ; la protection de l'environnement et la lutte contre la pauvreté étaient aussi à l'ordre du jour. Les organisateurs proposèrent en guise de compromis une rencontre parallèle, à l'hôtel Waldorf Astoria de New York. Le dalaï-lama y fut invité à prononcer l'allocution finale. N'ayant pas l'intention de créer des différends entre les Nations, le chef tibétain déclina officiellement l'invitation.

Le pape prit un peu plus tard l'initiative de recevoir le dalaï-lama, puis Carlos Santos, président du Mexique, le reçut à son tour. En 1990, Vaclav Havel, le président de la Tchécoslovaquie, l'invitait en sa qualité de dirigeant politique. Les relations semblaient vouloir se dégeler. Les rencontres se succédèrent ensuite : en 1991 avec George Bush et le Premier ministre anglais John Major, avec Gro Harlem Brundtland, le Premier ministre norvégien ; en 1993 avec Bill Clinton et Thomas Klestil ; en 1996 avec Nelson Mandela ; enfin, en 1998, avec Jacques Chirac et Lionel Jospin au palais de l'Élysée. Dans son combat inlassable pour le Tibet, le dalaï-lama a parcouru le monde entier, visitant plus de vingt-cinq pays. Depuis 1957, le dalaï-lama a reçu plus de cinquante-six distinctions honorifiques ; le prix Nobel de la paix est venu couronner son œuvre en 1989. Sa Sainteté s'est vu décerner vingt-six fois le titre de docteur *honoris causa* ; il est titulaire d'une chaire de professeur dans deux universités russes et a écrit plus d'une cinquantaine de livres.

Jusqu'à ce jour, aucun État n'a reconnu officiellement son gouvernement. Son autorité est même parfois contestée parmi les Tibétains, comme le souligne le journaliste By Huitzi dans le journal des Tibétains en exil, *Lungta* (n° 7, p. 24), car la dévotion sans bornes des Tibétains pour leur chef est plutôt un obstacle au processus de démocratisation de la communauté en exil. Il demeure le Maître absolu et incontesté ; il ne viendrait à l'idée de personne de critiquer son autorité, sous peine de paraître vouloir se placer au-dessus de lui. Par ailleurs, le dalaï-lama reste prisonnier d'un monachisme auquel il ne peut lui-même rien changer. En revanche, très peu de Tibétains vivant à l'étranger partagent ce point de vue.

Du Potala à Dharamsala

À la différence de ses prédécesseurs, Sa Sainteté le XIVe dalaï-lama ne vit pas en vase clos dans le gigantesque palais du Potala. L'ancienne résidence d'hiver des dalaï-lamas à Lhassa, le palais aux mille salles, avec son école de fonctionnaires, son monastère et ses temples, symbolisait le système politique et religieux en vigueur au Tibet. « Nous étions paralysés par un protocole rigide, se souvient le dalaï-lama, c'est à peine si nous pouvions parler et respirer. Vue sous un certain angle, la fuite de Lhassa fut une bénédiction pour moi. J'ai mûri à travers cette épreuve mon approche de la religion et j'ai fait l'expérience tangible de la fugacité des choses. »

Depuis son exil en Inde, il mène la vie modeste d'un simple moine et se consacre aux intérêts de son peuple. Lors de ses conférences, Tenzin Gyatso s'efforce d'encourager l'ouverture aux peuples et aux cultures en vue d'une harmonie et d'une paix universelles. Dans son discours accessible à tous, il plaide avec insistance en faveur d'une reconnaissance du partage des responsabilités qui, seule, permettra d'affronter les dangers menaçant l'humanité : « Ne restons pas indifférents aux souffrances et aux misères, partageons-les ! » L'universalité de sa pensée abolit les frontières et les barrières culturelles.

Ce livre retranscrit les conversations que nous avons eues en Suisse et en Autriche par intermittence pendant cinq ans. Afin d'en faciliter la compréhension, j'ai cru bon d'y ajouter quelques commentaires et explications. La tâche n'était pas aisée, les barrières linguistiques représentaient autant d'obstacles qu'il a fallu franchir. J'espère être parvenue à rendre compte d'une pensée en apparence simple mais terriblement complexe.

ENTRETIENS

L'HOMME

Un homme ordinaire

***Felizitas von Schönborn** : Bien peu de gens connaissent le Tibet et le bouddhisme. En revanche, il suffit de parler du dalaï-lama pour attirer immédiatement l'attention. Le mot évoque pour un Occidental de mystérieuses résonances qui l'entraînent au pays des Neiges éternelles. Des hommes vêtus de costumes aux couleurs chatoyantes rivalisant avec celles des* thankas, *splendides broderies et peintures murales, apparaissent devant nos yeux.*

Mais que signifie pour vous le titre de dalaï-lama ?

Sa Sainteté : Comme vous pouvez bien l'imaginer, nombreux sont ceux qui non seulement m'estiment mais surtout comptent sur moi. Je n'en reste pas moins un homme ordinaire, un simple moine qui a fait vœu de dévouement et d'abnégation. Chaque jour, je m'efforce de déployer toute mon énergie dans ce sens. Cela porte un nom : *bodhicitta*, littéralement l'éveil de la conscience qui suppose la ferme résolution de tout mettre en œuvre pour améliorer le bien-être des autres. Je n'ai pas d'autre souhait. L'éveil de la conscience est le but que je cherche à atteindre, me permettant ainsi d'aider mon prochain à s'affranchir de la souffrance. Une supplique datant du VIIIe siècle illustre cette disposition : « Aussi longtemps que l'espace et le temps existeront, aussi longtemps qu'il y aura des êtres vivants condamnés à parcourir les cycles d'existences successives, que je demeure parmi eux afin de les délivrer de leurs souffrances. »

Nous autres, bouddhistes tibétains, croyons que le dalaï-lama est la réincarnation d'Avalokitésvara, en tibétain Chenresig. Il est le bodhisattva (aspirant à la « bouddhéité ») de la grâce et le protecteur de tout être vivant. Je suis moi-même la soixante-quatorzième réincarnation du Bouddha Sakyamuni (le sage issu de la famille des Sakyas, 560 avant Jésus-Christ). Nous croyons aux êtres, aux grands lamas, ou *tulkus* (réincarnation d'un maître ou d'un sage décédé), qui peuvent par eux-mêmes décider de leur renaissance. Le dalaï-lama appartient à cette lignée dont la première réincarnation remonte à l'année 1351. Ces renaissances successives nous permettent de poursuivre notre œuvre. D'où l'importance à la mort d'un dalaï-lama de rechercher son successeur. Selon nos croyances, il y a une filiation spirituelle entre mon prédécesseur et moi. Il m'a transmis en héritage son karma, qui me permet d'assumer à mon tour la fonction de dalaï-lama.

Un océan de sagesse

Que signifie exactement « dalaï-lama » ?

Lama signifie « maître inégalé ». *Dalaï* est un mot d'origine mongole qu'on pourrait traduire par « océan ». Dans le sens le plus abstrait, dalaï-lama signifie « Océan de sagesse ». Selon la tradition, il fut attribué en 1578 par le souverain mongol Altan Khan à son guide spirituel Sonam Gyatso. Il se peut bien que le mot *gyatso*, qui signifie en tibétain « océan », ait été traduit en mongol par *dalaï*. Jusqu'à la cinquième réincarnation, les dalaï-lamas n'exerçaient que des fonctions religieuses. Ce n'est qu'avec la venue du Ve dalaï-lama que s'opère un transfert de pouvoir. Le Ve dalaï-lama devient l'autorité suprême du Tibet. Les pouvoirs spirituel et temporel sont désormais entre les mains d'une seule et même personne.

Le but de mon existence : servir mon prochain

En Europe, l'alliance du pouvoir religieux et du pouvoir temporel n'a jamais fonctionné de manière satisfaisante. Comment a-t-il été possible au Tibet de concilier l'abnégation du moine avec l'ambition politique du chef d'État ?

Servir mon prochain est le but de mon existence, que ce soit en qualité de moine ou de chef d'État. Les six millions de Tibétains attendent beaucoup de moi. Je porte sur mes épaules le poids de lourdes responsabilités. Si j'aide mon peuple et si je lui consacre toute mon énergie, j'en retire aussi, bien entendu, beaucoup de satisfaction.

Je m'efforce d'être à la hauteur de la tâche qui m'incombe. Si je remplis véritablement bien ma mission, j'apporte la preuve que l'institution a encore une raison d'être. Quant à moi, indépendamment de la réussite ou de l'échec, il m'importe de conserver mon intégrité et ma sincérité. À cette fin, je dois faire preuve de lucidité dans l'analyse des motivations qui me poussent à agir.

Admettons que le peuple tibétain s'imagine qu'un seul homme, moi en l'occurrence, ait le pouvoir de le libérer de son joug : réalisez un peu ma position, elle est très risquée. Je ne parle pas seulement de ce qui se passe actuellement. Je pense à l'avenir et aux solutions qui assureront le bien-être et la survie des générations futures. Voilà mon principal souci.

Je n'ai pas été préparé à remplir cette mission. Lorsque j'ai pris la tête du gouvernement, en 1950, à l'âge de quinze ans, je n'avais aucune formation politique. Le fonctionnement de la diplomatie m'échappait complètement. Depuis, j'ai acquis de l'expérience, surtout pendant ces dix dernières années, en rencontrant des responsables gouvernementaux et diverses personnalités.

À la grande école de la vie

Votre Sainteté, vous dites n'avoir pas été suffisamment préparé à tenir le rôle que vous jouez aujourd'hui sur la scène politique internationale. Un dalaï-lama ne bénéficie-t-il pas d'une formation particulière ?

J'ai reçu une formation semblable à celle que reçoivent tous les moines. Vers treize ans, j'ai abordé la philosophie, la juste définition des concepts, l'art de la rhétorique et la calligraphie. Parallèlement à ces exercices d'écriture, j'apprenais des textes sacrés par cœur. Mon emploi du temps comprenait l'apprentissage de plusieurs matières principales : la dialectique, l'art et la culture tibétains, la grammaire, la philologie, la médecine et la philosophie bouddhiste. S'ajoutaient à cela cinq matières annexes : la poésie, le théâtre et la musique, l'astrologie, la poétique (métrique, expression et vocabulaire). Pour obtenir le doctorat, trois matières suffisaient : la philosophie bouddhiste, la logique et la dialectique, ainsi que la théorie de la connaissance. En 1959, je passais mon dernier examen, qui consistait en une joute verbale devant un millier de personnes. J'avais terminé mes études. Je reçus le titre de geshe, la plus haute distinction dans les études philosophiques. Peu après, je quittais le Tibet pour l'Inde.

Parallèlement à cette formation théorique, je pratiquais quotidiennement la méditation, qui a été une grande source d'enrichissement. Il y a deux types de méditations : l'une permet d'acquérir la concentration et la sérénité de l'esprit, tandis que l'autre, dite analytique, vise l'acquisition d'une intelligence plus profonde des choses. En ce qui me concerne, je me concentre principalement sur la compassion, je m'attache à isoler le Moi de l'Autre, à reconnaître l'interdépendance des phénomènes et des êtres, et plus particulièrement des hommes. Je prie, médite et étudie environ cinq heures par jour, voire plus. Mais la prière est là à chaque instant de ma vie, dès que l'occasion s'en présente. Nous avons des prières adaptées à chacune de nos actions. La prière et la religion font partie intégrante de notre vie quotidienne.

C'est à la grande école de la vie que j'ai le plus appris quand il m'a fallu relever des défis et affronter les nombreuses difficultés rencontrées par mon peuple. Par mon destin de réfugié, j'ai été souvent confronté à des situations quasi désespérées. Je n'ai pas eu le choix, il m'a fallu faire face à la réalité. Devant les menaces constantes, j'ai dû faire preuve d'une extrême détermination et d'une grande force intérieure. Surtout ne pas me décourager, et rester confiant. Je ne serais pas aujourd'hui ce que je suis sans la pratique quotidienne de la méditation.

Au Potala, le temps s'écoule à sa guise

Vous avez été très tôt séparé de votre famille. N'avez-vous pas eu le sentiment d'être totalement coupé du monde dans le gigantesque palais du Potala ?

La vie d'un dalaï-lama était soumise à un protocole très strict. Mes journées se déroulaient selon un emploi du temps immuable. Mais je n'en ai aucun souvenir précis. Les Tibétains se préoccupent assez peu des heures qui défilent. Les choses débutent et s'achèvent quand elles le doivent, sans précipitation. Paradoxalement, je me suis intéressé aux montres dès mon plus jeune âge. J'étais l'exception qui confirme la règle. Et aujourd'hui, réparer une montre reste encore une de mes occupations favorites.

Enfant, je n'aimais pas tout le cérémonial qui m'entourait. Je me sentais très bien en compagnie du chef cuisinier. Mes serviteurs me traitaient comme n'importe quel autre petit garçon. J'ai très tôt découvert en les fréquentant la dureté des conditions de vie des gens simples. Ils me racontaient les injustices et les décisions arbitraires de certains hauts fonctionnaires et lamas. J'ai ainsi compris assez vite combien il était important pour un dirigeant de ne jamais perdre le contact avec la base. Aucun chef d'État n'est à l'abri de l'influence de ses conseillers et des fonctionnaires qui privilégient leurs intérêts personnels aux dépens de ceux de la collectivité. Il faut rester attentif aux véritables préoccupations du peuple.

Le lotus blanc pousse dans la vase

Vous avez dit que le dalaï-lama est la réincarnation d'un bodhisattva. Pouvez-vous nous expliquer ce que cela signifie ?

Pour nous, un bodhisattva est un être qui a connu le Grand Éveil et qui, par compassion, renonce à la bouddhéité, c'est-à-dire au « Parfait Éveil », jusqu'à ce qu'il ait conduit tous les êtres vivants à la délivrance. Un bodhisattva peut décider lui-même de renaître ou non. Il prend librement la décision de demeurer dans le cycle des renaissances (samsara) pour apporter son soutien aux autres. En souffrant lui-même, il partage les souffrances des autres et les en affranchit. Cela s'appelle la « pratique du don et du renoncement », par laquelle on fait le sacrifice de son bonheur personnel pour alléger le malheur de son prochain. Le bodhisattva, maître de ses désirs et de ses souffrances, est symboliquement représenté par un lotus blanc. Bien que cette merveilleuse fleur pousse dans la vase, ses pétales restent toujours d'une blancheur immaculée. Elle représente la force qui permet de supporter les aléas du devenir et de la mort. *Bodh* désigne la faculté de comprendre la véritable essence de la réalité, la sagesse ; et un *sattva* est quelqu'un qui agit par compassion universelle. Le bodhisattva nous montre l'idéal vers lequel nous devons tendre, un idéal de compassion illimitée nourri d'une sagesse infinie.

Pour ma part, je ne jouis d'aucun statut privilégié. J'observe les deux cent cinquante-trois règles de mon ordre. Les trois premiers commandements interdisent au moine de tuer, de voler, de mentir. Le quatrième concerne l'abstinence, que le moine doit respecter strictement. L'observance de la règle ne me met pas à l'abri de toutes les distractions et de tous les soucis de la vie quotidienne.

La politique du sourire

On voit souvent des photos de lamas tibétains habillés de somptueux vêtements d'apparat. Vous avez opté pour la sobriété. Pour quelle raison ?

Je porte l'habit traditionnel des moines tibétains. Il est composé de plusieurs pans de tissu, comme s'il avait été rapiécé. Il est le symbole du dénuement.

Mais l'habit ne fait pas le moine. Dans la tradition tibétaine, les grands lamas sont souvent magnifiquement vêtus. Ils portent des bonnets de couleur et de forme différentes, signes distinctifs de leurs fonctions. Chaque fois que je rencontre un lama richement vêtu, je lui rappelle que notre maître Bouddha allait toujours tête nue et que nous sommes ses disciples. Bouddha aurait pu se permettre de s'habiller somptueusement parce qu'il était le Maître, mais il préféra rester un simple moine. On peut s'habiller de façon élégante et porter des bijoux, mais c'est se laisser abuser par l'illusion d'une apparence trompeuse. La compassion, l'amour, un sourire chaleureux, un regard bienveillant me semblent être les parures les plus précieuses au monde. Un visage fermé, embelli artificiellement, ne sera pas plus aimable.

Je vais même jusqu'à penser que, si j'allais la mine sombre et l'air renfrogné, moins nombreux seraient ceux qui prendraient fait et cause pour le Tibet. Je suis un partisan de la politique du sourire.

Au Tibet de choisir son destin

Votre Sainteté, vous considérez que le système politique tibétain est désormais inadapté et vous avez, dans votre projet de Constitution établi en 1963, réduit le pouvoir du dalaï-lama. Dans votre discours de Strasbourg en 1988, vous avez prétendu ne pas vouloir jouer de rôle actif dans le futur gouvernement. La fonction du dalaï-lama se limiterait-elle alors à celle de chef spirituel ?

Je ferai tout ce qui est en mon pouvoir pour défendre les intérêts de mon peuple. En revanche, je suis décidé à me défaire de cette fonction politique une fois que le Tibet aura gagné sa liberté. Je ne serai alors plus qu'un guide spirituel. À l'origine, le dalaï-lama n'exerçait qu'une charge religieuse. Je remettrai le pouvoir politique à celui que le peuple tibétain aura choisi démocratiquement.

Le retour à Lhassa

Quelles sont les conditions de votre retour au Tibet ?

La majorité des Tibétains vivant à l'intérieur du pays, en particulier les jeunes, pensent que le moment n'est pas encore venu pour moi de rentrer au Tibet. Selon eux, je serais plus apte pour l'instant à représenter de l'étranger les intérêts de mon peuple. L'unique condition de mon retour est que la Chine accepte mes propositions et que mon peuple approuve la nouvelle situation politique qui en découlera.

Les pèlerins : ces passeurs de nouvelles

Avez-vous un représentant au Tibet ?

Il n'y a personne à l'intérieur du pays. Les seules nouvelles qui nous parviennent nous sont transmises par les Tibétains qui se rendent en pèlerinage en Inde et retournent ensuite au pays. D'autres nous arrivent par l'intermédiaire de gens autorisés à aller voir leur famille au Tibet. Cela nous permet de faire passer beaucoup d'informations. Sans compter l'aide des médias : une émission tibétaine sur la radio indienne ainsi qu'une autre sur La Voix de l'Amérique.

Un nouveau dalaï-lama ?

Y aura-t-il une quinzième réincarnation du dalaï-lama ? Votre Sainteté, vous avez laissé entendre qu'il se pourrait que vous soyez le dernier dalaï-lama !

Il faut replacer ces propos dans le contexte des relations avec la Chine, qui réduit la question du Tibet à une affaire de personne. Le dalaï-lama et les Tibétains en exil dérangent les Chinois. Nous n'avons pas l'intention de rétablir le vieux système féodal au Tibet. Ce serait de toute façon impossible et anachronique. Cette forme d'organisation de l'État ne correspond plus aux aspirations de notre peuple. Si le peuple tibétain pense pouvoir se passer aujourd'hui de l'institution religieuse, la fonction de dalaï-lama n'a plus de raison d'être. Dans ce cas, j'aurai été le dernier. Mais si les circonstances l'exigent, un nouveau dalaï-lama verra le jour. Et si l'Histoire prend un autre tournant, il faudra en assumer les conséquences. Quand bien même les systèmes politiques se modifieraient, le cœur humain reste constant dans ses aspirations au bonheur et à la liberté. Ce sont les véritables moteurs du développement et du progrès, tant sur le plan matériel que sur le plan spirituel. Cela vaut aussi pour mon peuple.

LE BOUDDHISME TIBÉTAIN

De l'actualité des « Quatre Nobles Vérités »

Dans la doctrine tibétaine, les lamas jouent un rôle important. Est-il juste de qualifier de courant abâtardi, issu de la doctrine primitive indienne, la forme particulière prise par le bouddhisme au Tibet ?

Ce serait faire preuve d'une méconnaissance totale du bouddhisme tibétain que de le qualifier de déviation du bouddhisme primitif. Les moines et les religieuses se distinguent par leur aspect extérieur, mais, en ce qui concerne les fondements de la doctrine, nous nous référons aux dogmes établis à partir des grands textes sacrés du bouddhisme, aux « Quatre Nobles Vérités ». L'idée force de la pratique religieuse bouddhiste est d'abord de ne jamais chercher à nuire et de faire tout son possible pour aider son prochain.

Nous autres Tibétains sommes des mahayanistes, des disciples de l'école du « Grand Véhicule », traduction fidèle du mot « mahayana ». Le sacrifice de soi et l'altruisme sont les deux vertus cardinales de notre religion. Toutes nos pensées et nos actions sont orientées vers le bien-être de l'autre tandis que, dans l'ancien hinayana, le « Petit Véhicule », il suffisait dans le domaine du salut pratique de ne pas porter préjudice à autrui.

À chacun son mode d'expression

Le mahayanisme compte en son sein plusieurs écoles et courants de pensée qui se sont formés au cours du temps. Des moines d'obédiences différentes cohabitent à l'intérieur d'un même monastère. À la différence du dogmatisme occidental, l'existence de ces courants philosophiques n'a pas conduit au schisme. Pourquoi ?

L'introduction du bouddhisme au Tibet s'est faite progressivement, par l'intermédiaire de plusieurs moines et à des époques différentes. C'est ainsi que se sont constituées des traditions différentes, chacune d'elles ayant une approche philosophique spécifique. Mais il n'y a aucun désaccord sur le fond. À chacun son mode d'expression.

Les joutes verbales

L'art du débat fait partie des disciplines enseignées aux futurs moines. Les joutes philosophiques se déroulent selon certaines règles qui s'apparentent à un rituel. Elles favorisent peut-être la coexistence paisible des différents courants ; qu'en pensez-vous ?

C'est possible. On juge des facultés intellectuelles d'un moine à la façon dont il manie l'art de la conversation. Le débat se déroule de la façon suivante : deux moines se posent alternativement des questions. Ce faisant, ils doivent adopter des postures corporelles précises. Celui qui lance le défi frappe dans ses mains et martèle le sol de son pied, marquant ainsi sa volonté d'ouvrir le débat. Le ton peut monter et devenir très vif. Chacun tente de contrecarrer les arguments de son adversaire. Il s'agit de faire preuve de vivacité, d'humour et d'esprit. Ces échanges sur des sujets philosophiques et religieux ne conduisent jamais à des confrontations personnelles. Et les moines, lorsqu'ils quittent l'« arène » après une vive joute oratoire, n'en gardent aucun ressentiment envers leur adversaire. Les joutes étaient autrefois fort prisées des Tibétains, quel que soit leur niveau d'instruction.

Les auditeurs pouvaient passer des journées entières assis à écouter dans les cloîtres ces discussions dont ils ne comprenaient sans doute pas la moitié des subtilités intellectuelles.

Une religion athée

Pour nous les chrétiens, une religion ignorant l'existence d'un Dieu créateur est une religion athée, donc un paradoxe en soi. Le bouddhisme tibétain nie, si je ne me trompe pas, à la fois une croyance en un Dieu unique et l'incroyance ?

Le bouddhisme et le jaïnisme sont des religions qui refusent l'existence d'un Dieu conçu comme un être personnel. Leur doctrine fait l'économie de ce présupposé. Les religions monothéistes, le judaïsme, le christianisme et l'islam admettent un Dieu créateur. Chaque religion donne sa version de la genèse du monde et son interprétation du principe de causalité qui conditionne le bonheur et le malheur.

Le bouddhisme est une religion athée, au sens où nous ne croyons pas en un Dieu créateur. Mais notre panthéon est peuplé d'êtres supérieurs qui ont cheminé sur la voie de l'Éveil jusqu'à atteindre le Parfait Éveil, la perfection de la bouddhéité. Tout être vivant possède en lui la capacité d'accomplir cette transformation spirituelle. Nous pensons qu'il existe différentes manières d'être au monde. C'est en cela que les grandes religions se distinguent.

Les Quatre Nobles Vérités sont la base de la doctrine bouddhiste. Nous vivons dans un monde sans Dieu, tandis que d'autres religions partent de l'affirmation d'un Dieu créateur autour de laquelle elles construisent leur doctrine. En revanche, toutes sont unanimes à penser que l'amour et la compassion rendent l'homme meilleur. Dans notre religion, l'infinie compassion envers tous les êtres vivants *(mahakaruna)* est le pivot autour duquel s'articule notre pensée.

La logique des enseignements de Bouddha

S'il n'y a pas de dieu personnel, à qui adresse-t-on les prières ?

Dans les religions monothéistes, les croyants accablés par les difficultés de leur existence supplient Dieu de les secourir. Pourquoi ce tout-puissant Dieu de bonté permet-il tant de souffrances et d'injustices ? La question reste en suspens. De là à penser qu'un Dieu qui laisse venir au monde des hommes dont la vie ne sera que douleurs et tourments est cruel, il n'y a qu'un pas. Comment concilier l'inconciliable ? L'enseignement bouddhique semble plus logique. Il part du principe que la création, le commencement de toute chose ne peuvent s'expliquer rationnellement. Les religions monothéistes interdisent à leurs adeptes de remettre en question l'existence de Dieu, et encore plus de réfuter sa parole quand bien même elle heurterait la raison critique. Tout porte à craindre que les croyants adhèrent sans réfléchir ! L'obéissance aveugle n'est pas le plus sûr moyen de progresser sur le chemin de la connaissance parfaite.

Nous ne cherchons pas à tendre vers un dieu mais vers l'Éveil, la perfection. L'homme est responsable de sa vie. Il est l'auteur de son propre destin. Bouddha n'a pas créé le monde. Il ne répond pas de ses imperfections. Mais il nous montre la voie à prendre pour nous affranchir de nos souffrances et accéder à la connaissance. Voilà pourquoi le mot « dieu » ne figure pas dans la doctrine bouddhiste.

Les deux « Moi »

Ce n'est pas la seule différence ; notre conception de l'homme est tout autre. L'« être », le « Moi » souverain tel que nous le concevons, ne semble pas exister pour vous. Le bouddhiste pense que ce Moi est à l'origine de la souffrance. Aujourd'hui, la psychologie s'en mêle, affirmant l'importance de se construire un Moi solide. Comment expliquez-vous de telles différences ?

Notre corps sait ce dont il a besoin. Si nous avons soif, nous buvons. Bouddha utilise le mot « soif » pour définir toutes les aspirations de l'homme. La « soif » est une force motrice qui anime la roue de l'existence. Ferait-elle défaut qu'il deviendrait impossible d'accéder à la délivrance et à la bouddhéité. Mais notre corps ne distingue pas toujours ce qui est bon pour lui de ce qui est mauvais. Il peut être avide et chercher à se satisfaire par des moyens qui le conduiront à sa perte. Il faut apprendre à faire le tri.

Toute médaille a son avers et son revers. L'être humain ne fait pas exception à la règle. D'un côté, le Moi égoïste qui se gonfle d'orgueil jusqu'à devenir l'auteur de son malheur. Si l'homme use de la violence pour imposer ses vues égoïstes, il nuit à son prochain et à lui-même. Ce Moi-là est cause de souffrance. Par ailleurs, il y a le Moi volontaire qui pousse l'homme à dire : « Je peux, je dois, je veux. »

Sans le concours de la volonté, on ne peut maîtriser sa colère, sa jalousie ou sa haine. Plus rien ne s'oppose à la tyrannie des mauvais penchants. Quoi de plus instinctif que les sensations et les sentiments qui nous font instantanément passer du désir à la répulsion ? Seule une volonté extrêmement déterminée peut juguler ces différentes pulsions.

Des vertus de certaines plantes

Il n'est pas facile de choisir, d'autant que nos sentiments sont parfois ambigus...

Oui, il faut savoir porter un regard objectif sur soi et bien analyser nos attitudes. Par exemple, la confiance en soi et la fierté sont deux sentiments très proches. Mais la fierté bascule très vite dans l'orgueil qui rend autoritaire, arrogant et brutal, tandis que la confiance en soi est indispensable pour agir. Autre exemple : l'humilité cache parfois une peur maladive, un sentiment d'impuissance ; mais elle peut aussi être une marque de respect et de générosité. Ou encore la colère se manifeste souvent par une violence physique déplacée, mais, dans sa version positive, elle pousse à la révolte contre l'injustice et à l'engagement en faveur de la justice.

Lorsque j'étais jeune, je me mettais souvent en colère. J'ai peut-être hérité le tempérament irascible de mon père. Aujourd'hui, grâce aux exercices spirituels, je suis à même de contrôler ces débordements intempestifs. Nous devons en permanence exercer notre esprit pour apprendre à faire la part des choses entre ce qui lui est néfaste et ce qui lui est profitable. Admettons que je sois seul face à une foule de gens : la première question qui me vient à l'esprit est de savoir ce qui, entre mon intérêt personnel et la somme des intérêts individuels de tous ces gens réunis, compte le plus. La réponse va de soi.

Il en va des sentiments comme des plantes : certaines ont des vertus bienfaisantes et d'autres sont toxiques. Il y a quelque temps, j'étais à Washington où j'ai visité le musée de l'Holocauste. J'y ai vu d'un côté les photos des atrocités infligées au peuple juif, et de l'autre celles des hommes qui se sont sacrifiés pour les sauver. Elles illustrent parfaitement ce que les hommes sont capables de faire en bien comme en mal.

L'amour et la haine sont deux sentiments très voisins, aux conséquences diamétralement opposées. Une inclination peut rapidement virer à la haine. Or la haine fait toujours des ravages et incite l'homme à commettre les pires crimes. Nous sommes libres de décider si nous voulons aimer ou haïr.

Mahakaruna

Peut-on comparer la sollicitude aimante envers tout être (mahakaruna), *fondement du mahayanisme tibétain, avec l'amour du prochain que préconise la religion judéo-chrétienne ? « L'amour ne cherche pas son intérêt, il rend service, il trouve sa joie dans la vérité... » (Première Épître de saint Paul aux Corinthiens.)*

C'est difficile à dire. *Mahakaruna* désigne la compassion et non la pitié. La différence vient peut-être de là. Je ne sais pas si les chrétiens distinguent bien ces deux notions. Si l'on s'apitoie sur quelqu'un, on peut facilement en arriver à s'apitoyer sur son propre sort. Voilà ce que nous refusons. Dans l'optique bouddhiste, la « sollicitude aimante » induit une véritable prise en compte de l'autre. L'amour est impartial ; il ne se limite pas à la sympathie que l'on éprouve pour sa famille ou ses amis. Il inclut aussi l'amour de ses ennemis.

Un amour non exclusif

Dans la pensée occidentale, le mot « amour » recouvre une grande palette de sentiments. On pense immédiatement à un sentiment profond, à une forte attirance. L'amour tel que vous le concevez garde la tête froide et se tourne aussi vers celui qui est antipathique.

L'amour vrai ne dépend pas d'une attirance particulière, il peut même se passer de liens personnels. Voilà pourquoi nous devons apprendre à ne pas confondre l'affection ou le sentiment amoureux avec l'amour véritable. Il est très facile d'aimer quelqu'un pour lequel nous ressentons une inclination. Mais cela ne doit pas nous dédouaner de la bienveillance envers le prochain. Nous aurions tendance à n'être gentil qu'avec celui qui nous plaît à un moment donné.

Mahakaruna, la grande sollicitude aimante envers tout être, est la quintessence de la doctrine mahayaniste. Tant qu'il y aura des êtres en souffrance, elle viendra à leur secours. Il ne dépend que de nous d'ouvrir toujours plus notre cœur à la compassion, car rien ne nous empêche de veiller avec sollicitude sur notre prochain. La croyance en la réincarnation est essentielle dans cette perspective car, dans le cycle des renaissances, celui qui était le fils deviendra le père, et vice versa.

La voie de la bouddhéité

La doctrine de la réincarnation est étrangère à la foi chrétienne, dont le but ultime est la « vie dans le Christ ». Et pourtant beaucoup d'Européens, un sur quatre d'après des sondages, croient à la renaissance...

Les conditions de notre renaissance future dépendent de l'attitude que nous avons eue dans notre vie présente. En principe, nous n'avons pas le pouvoir de choisir. Mais l'état karmique où nous nous trouvons au moment de mourir a néanmoins une influence. Très schématiquement, on peut dire que nous pouvons nous retrouver dans quatre situations différentes : soit notre réincarnation est entièrement déterminée par les actions de notre vie antérieure ; soit nous pouvons avoir une influence sur le lieu et le contexte de notre nouvelle vie ; soit encore nous nous réincarnerons dans un homme capable de transmettre la spiritualité ou d'être un guide religieux ; soit, enfin, nous nous réincarnerons dans le bouddha du Parfait Éveil, qui ne renaîtra que pour apporter son assistance aux autres. Cette dernière étape est celle de la bouddhéité.

Dans la tradition tibétaine, nous croyons que l'homme ne doit pas gaspiller les acquis de ses existences précédentes. Cela signifie que si nous avons enrichi positivement notre karma par de bonnes actions et un mode de vie juste dans une existence antérieure, nous ne devons pas maintenant nous reposer sur nos lauriers. Il faut toujours aller de l'avant, diriger notre regard vers l'avenir et aspirer à une perfection toujours plus grande. Pour nous, la vie humaine est précieuse en soi parce qu'elle offre, plus que toute autre, une chance inestimable de perfectibilité.

Il est grand temps de faire le bien

Le but ultime de la pratique bouddhique est l'entrée dans le nirvana, l'« extinction » ou délivrance de toute souffrance...

Notre religion vise à mettre un terme à la souffrance qui accable notre existence. En parvenant à vaincre la douleur d'être au monde *(dukka)*, on connaîtra la félicité de la délivrance. La souffrance ne se réduit pas aux petits désagréments de la vie ; elle est conscience douloureuse du devenir, du caractère inéluctable de l'éphémère. Le nirvana est le but ultime à atteindre, le retour à la sérénité parfaite. Ce n'est pas une raison pour oublier le présent immédiat. Il nous faut au contraire témoigner d'une sollicitude toujours plus grande envers notre prochain.

De quoi rêvent les bouddhistes ?

Le bouddhiste rêve de suspendre le mouvement de la roue infernale des renaissances. Une vision occidentalisée de la doctrine de la réincarnation fait miroiter aux fidèles les avantages qu'ils pourraient tirer de renaissances dans des conditions plus favorables à l'épanouissement de leur propre personnalité. Chaque nouvelle vie, espère-t-on, doit procurer un mieux-être.

Qu'entendons-nous par un mieux-être ? Une vie agréable ? La réalisation de nos souhaits et de nos rêves les plus chers ? Ce n'est pas notre objectif. Nous aspirons à une nouvelle vie toujours plus orientée vers la recherche d'une éthique responsable. Une vie qui se détournerait du bien-être égoïste pour se mettre au service des autres. Un karma positif est le résultat de nos actions justes accomplies dans notre vie antérieure. C'est ainsi que l'homme se bonifie et qu'il trouve une place véritablement meilleure dans sa vie future. Il faut franchir des échelons pour accéder au nirvana. Une filiation s'établit d'âme en âme. Cette croyance en la renaissance est essentiellement fondée sur la permanence de la conscience, ainsi que sur la loi universelle de cause à effet. Les renaissances successives, la pérennité de l'esprit et le karma sont les trois idées fondatrices de la doctrine bouddhiste.

Bonnes et mauvaises actions

Le karma résulte des effets attendus de nos actions. En d'autres termes, l'homme est « ce qu'il fait ». On pourrait aller jusqu'à dire que l'homme, par son action, détermine la matrice dans laquelle il va renaître. Cela signifie-t-il que le destin d'un homme reflète sa vie antérieure ?

Au seuil de la mort, la conscience enregistre les intentions, les motivations, les actions et les expériences du mourant. Les actions accomplies dans la vie écoulée sont soupesées et estimées. Cette évaluation infléchira le cours de la vie future dans un sens ou un autre. Les conditions de notre renaissance dépendent de l'attitude que nous avons eue envers notre prochain dans notre vie passée. C'est ainsi que la conscience perdure avec son héritage « karstique » et poursuit sa vie dans un nouveau corps.

On peut se réincarner dans un animal, un homme ou un être divin. Prenons l'exemple du bourgeon sur l'arbre. Avant l'arbre, il y avait une graine, une cause qui a produit un effet. L'arbre est la cause qui produit à son tour un effet : le bourgeon. Les vertus comme la sobriété, la tempérance, l'humilité, la patience et le pardon sont des causes qui ont pour effet un karma positif. Un repentir sincère effacera un mauvais karma. La contrition et la ferme résolution de ne plus commettre de mauvaises actions influencent le karma positivement. En éliminant tout le karma négatif, enfin, on peut échapper au cycle des renaissances, au fatal enchaînement de la naissance et de la mort. Ce n'est que lorsque nous parvenons à nous débarrasser complètement de tous les désirs terrestres que nous pouvons accéder à la bouddhéité.

Mais tout ce qui nous arrive n'est pas nécessairement déterminé par les forces karmiques. D'autres éléments, comme le corps, dont l'évolution est constante depuis des millénaires, entrent en jeu dans la constitution du karma. Il est de ce fait difficile de dire précisément ce qui, du karma ou de la loi de la nature, exerce le plus d'influence.

Ne rien faire serait-il synonyme de mal faire ?

Un des dangers de cette théorie n'est-il pas d'encourager le fatalisme et l'attentisme ?

« C'est comme ça, on n'y peut rien, c'est notre karma », voilà ce que disent certains Tibétains.

Ce n'est qu'un prétexte fallacieux pour se disculper. Et ils ont tort. La théorie du karma n'exclut absolument pas la responsabilité de l'individu. Elle implique même que l'homme prenne sa vie en main. Il est fondamental que l'intention soit juste, et si par malheur nos bonnes intentions ne débouchent pas sur le bien, cela n'aura aucune conséquence négative sur notre karma. Mais si nous nous refusons à porter secours à ceux qui en ont besoin, il faudra nous attendre à des complications karmiques.

Il convient de distinguer le karma individuel du karma collectif. Le karma collectif concerne la société, la communauté ou la famille. Tandis que le karma individuel, et c'est fondamental, ne concerne que les actions accomplies par la personne elle-même. Son destin ne dépend que de ses bonnes ou mauvaises intentions qui induisent toutes ses actions et expériences. Le karma allie la métaphysique à l'éthique. Un mauvais karma sera racheté par de bonnes actions et neutralisé par une vie juste.

De l'individuel au collectif

Peut-on en déduire que la situation politique actuelle du Tibet et les souffrances endurées par son peuple sont liées à son karma collectif négatif ?

La tragédie du Tibet est la conséquence du karma négatif qui pèse sur la génération actuelle. Les générations précédentes en portent la responsabilité. Depuis le début du XXe siècle, le Tibet s'est replié sur lui-même en oubliant qu'il était essentiel que la communauté internationale le reconnaisse en tant qu'État indépendant. Ce qui se passait au-delà de nos frontières, chez nos voisins en Chine, ne nous intéressait pas. Le Tibet a fait fausse route.

LA MISSION DES RELIGIONS

Sur la voie du bien

Toutes les religions sont nées et se sont développées à l'intérieur d'une civilisation particulière en faisant abstraction de ce qui se passait ailleurs. Cela vaut en particulier pour les doctrines monothéistes, qui se sont singularisées par leur prétention à détenir une vérité absolue et qui ont essayé d'éliminer toute opposition au dogme. Peut-on, malgré cela, trouver un point commun entre les religions ?

Oui, l'amour, cette force d'alliance qui transcende tous les particularismes. Les grandes religions, à savoir le bouddhisme, le judaïsme, le christianisme, l'islam, le confucianisme, l'hindouisme, le jaïnisme, le silkhisme, le taoïsme et le zoroastrisme, se réfèrent toutes à un même idéal d'amour. Les diverses pratiques spirituelles et religieuses visent le même but : la réalisation de cet idéal. Les grands ministres des cultes veulent détourner leurs fidèles de leurs mauvaises actions et les conduire par leur enseignement sur la voie du bien.

Leurs démarches sont analogues : elles répondent aux questions existentielles et proposent une éthique aux croyants. Les grands commandements qu'elles ont érigés en lois sont identiques : on ne doit pas mentir, on ne doit pas voler, on ne doit pas tuer. Ils nous indiquent le chemin à suivre.

Je ne vois donc pas de grandes différences. Traiter tout homme comme s'il était son frère ou sa sœur, voilà ce que les religions devraient enseigner à leurs adeptes. Une fois ce principe de base adopté, la tolérance et la compréhension mutuelle s'imposeraient d'elles-mêmes.

Une thérapie adaptée

Tous les grands chefs religieux ne partagent pas forcément votre point de vue. La voie du salut est un thème qui a fait couler beaucoup d'encre, j'en veux pour preuve les nombreux ouvrages consacrés à ce sujet.

Si nous restons trop rivés aux différences dogmatiques résultant de notre histoire et de notre civilisation, nous nous perdrons dans d'interminables discussions scolastiques. Pour ma part, il me semble plus important de remplir chaque jour ma mission en me consacrant entièrement à faire régner le bien sur Terre. On pourrait peut-être comparer les religions aux différentes thérapies proposées par les médecins.

Un bon médecin connaît le remède approprié à son patient. Or toute thérapie vise à la guérison. À chaque homme, donc, la thérapie et la religion qui lui conviennent. Il m'est aussi arrivé de comparer les religions avec l'alimentation dont l'homme a besoin dans une situation donnée. Malgré la diversité des pensées philosophiques sous-jacentes aux religions, leur mission commune est de contribuer au bonheur de l'humanité et de bâtir la paix dans le monde.

La religion, instrument du pouvoir

Pourquoi y a-t-il un tel fossé entre les ambitions avouées et les réalisations concrètes ? Pourquoi les religions ont-elles été le prétexte de tant de guerres meurtrières ? La réalité ne vient-elle pas contredire les vœux pieux ? Quand on voit ce qui se passe en Irlande ou encore dans l'ancienne Yougoslavie, où les conflits sont de nature religieuse à l'origine...

Hélas, la religion devient souvent l'instrument d'un pouvoir qui cherche à imposer des vues égoïstes, à défaut de défendre de véritables et nobles convictions. Les religions ont malheureusement toujours contribué et contribuent encore à renforcer les clivages et les animosités entre les hommes. Alors qu'elles devraient être un facteur de concorde, elles renforcent les tensions. Le prosélytisme à tout crin me semble être de mauvais augure. Il faut au contraire mettre l'accent sur le dialogue entre les religions.

À chacun sa foi

Chez nous, le nombre de ceux qui se détournent des Églises et vivent leur religion à leur façon est en augmentation croissante. Et chacun de se fabriquer sa foi ! À tort ou à raison ?

La religion s'inscrit dans une tradition. Nombreux sont ceux qui se disent croyants à partir du moment où ils croient à quelque chose, à une force, à une puissance, voire au hasard. Cela dépasse mon entendement. Il ne s'agit plus de religion. J'ai eu l'occasion d'aborder le sujet avec le général Mao Zedong : il m'a déclaré être opposé à toute forme de religion mais, dans le même temps, il m'a avoué être superstitieux. Pourtant, les superstitions et autres croyances bricolées n'ont rien à voir avec la religion. Il n'y a de religion qu'à l'intérieur d'un contexte, d'une histoire et d'une tradition doctrinale.

L'espoir qui soigne

Votre Sainteté, faites-vous une distinction entre les hommes dont la vie est guidée par la prière et la méditation, et ceux dont la vie est dépourvue de dimension religieuse ?

Je crois qu'en suivant véritablement, jour après jour, les enseignements de sa religion, on modifie progressivement sa manière d'être au monde, en particulier dans les situations de crise et de détresse. Aussi horribles que puissent être les événements, la religion rassure l'homme et lui apporte du réconfort. Elle montre que la vie, loin de se réduire à une somme d'expériences douloureuses, possède un sens caché. Il reste à savoir décrypter le message pour découvrir l'espérance qu'elle offre à l'humanité face à l'adversité et aux difficultés.

Une étiquette

Nombreux sont ceux qui disent appartenir à une communauté religieuse mais qui, dans leur vie quotidienne, se gardent bien d'en respecter les règles...

Parmi les cinq milliards d'hommes vivant sur notre planète, il y en a vraisemblablement moins d'un milliard qui reconnaissent leur appartenance à une religion et qui la pratiquent chaque jour. Ces hommes-là, quelles que soient les épreuves qu'ils rencontrent, trouvent dans la foi le courage de les affronter. Pour les autres, la religion ne joue qu'un rôle secondaire. La foi n'est pas vraiment ancrée en eux-mêmes. Ils se prétendent chrétiens, bouddhistes, hindouistes ou musulmans, mais ce n'est qu'une étiquette. Et quand ils ont des décisions importantes à prendre, la religion n'intervient absolument pas. Très peu nombreux sont ceux qui agissent en fonction de leurs convictions religieuses. Reste à savoir comment amener la majorité indifférente à comprendre la nécessité et l'urgence d'un engagement religieux.

Assise, 1986

Votre Sainteté, le pape Jean-Paul II avait convié à Assise en 1986 des représentants de toutes des religions à une rencontre de prière pour la paix dans le monde. Cette manifesta-

tion était-elle, à votre avis, l'expression d'une volonté de concertation ?

Tout à fait. Cette rencontre nous a permis de tisser de nouveaux liens. Nous étions tous venus pour prier, chacun selon sa foi et ses convictions religieuses. Nous avons beaucoup appris les uns des autres et énormément progressé sur la voie de la compréhension mutuelle. Lorsque le Tibet était isolé du reste du monde, nous pensions que notre religion était la meilleure. Mais nous ne sommes pas les seuls sur Terre. Ces rencontres interconfessionnelles vont déboucher, me semble-t-il, sur un enrichissement, car nous poursuivons le même but : œuvrer pour le bien de l'humanité.

Les détracteurs

Certains ont critiqué, et d'autres ont exprimé la crainte que de telles rencontres puissent conduire à une fusion, à une relativisation des traditions, à un syncrétisme religieux...

À Assise, comme dans toutes les rencontres de prière, il y a toujours des détracteurs pour affirmer qu'un bouddhiste ne peut pas prier puisqu'il ne croit pas en Dieu. Mais c'est précisément lors de ces prières communes que ces différences s'estompent. Seul compte alors le fait que nous soyons capables de nous réunir et d'affirmer d'une seule voix notre engagement en faveur de la paix dans le monde. On peut prier dans l'unité, même si les uns croient en un être supérieur ou en un créateur et si les autres vénèrent Bouddha.

Le soutien des Églises

Les Églises vous soutiennent-elles dans votre combat pour le Tibet ?

Lorsque j'ai rencontré l'archevêque de l'Église anglicane, il m'a assuré de ses prières pour le peuple tibétain. Le lendemain, il appelait ses fidèles à prier pour mon peuple. J'ai rencontré le pape à plusieurs reprises. C'est un homme que j'apprécie énormément. Nous avons beaucoup discuté de la place de l'Église dans le monde moderne et aussi des moyens à mettre en œuvre pour parvenir à une bonne intelligence entre les religions. Le dialogue entre le bouddhisme et le christianisme s'est véritablement approfondi. En raison de son origine polonaise, le pape sait ce qu'est un régime communiste ; nous avons une expérience commune qui nous rapproche. Notre entente a été immédiate. La profondeur spirituelle de Jean-Paul II m'a fortement impressionné. Quand on pense qu'il considère comme un frère l'homme qui a voulu l'assassiner !

Une religion unique ?

Ce siècle sera-t-il celui d'une religion unique ?

La tolérance entre religions n'implique pas que les religions soient appelées à se fondre en une seule. En dépit de tout ce qu'elles ont en commun, je ne suis pas partisan d'une uniformisation. Cela sonnerait le glas de nos particularismes culturels. Il ne faut pas abandonner nos traditions. Le christianisme attire les uns par sa représentation d'un Dieu créateur, tandis que le bouddhisme attire les autres par son éthique. Chaque conception peut se justifier. Nous ne pouvons cependant ni gommer toutes les différences, ni remplacer nos traditions par une nouvelle croyance universelle unique.

À Assise, nous étions tous d'accord sur un point : travailler ensemble, chacun à sa manière, en vue d'une prise de conscience du partage des responsabilités, afin de bâtir la paix dans le monde. Toutes les traditions religieuses peuvent coexister sur la planète. Elles ne doivent ni se combattre ni se fondre.

Jésus : un bodhisattva ?

Revenons encore une fois sur les ressemblances entre le christianisme et le bouddhisme, entre Gautama et Jésus, tous deux pères fondateurs d'une Église. Ont-ils des points communs ?

On a prétendu qu'il y avait effectivement une filiation historique entre Gautama et Jésus. Pour ma part, je n'en sais rien. Lorsque Jésus naît en Terre d'Israël, cela fait déjà quelques siècles que la doctrine bouddhiste et l'hindouisme se sont imposés en Asie. Les échanges commerciaux ayant favorisé la diffusion des religions et des cultures, on peut admettre qu'elles se soient mutuellement influencées.

Pour nous, bouddhistes, les bodhisattvas, les êtres du Parfait Éveil, sont de très grands mystiques qui ont contribué à travers les siècles au salut d'innombrables gens. Jésus est un de ceux-là. Ne vous méprenez pas, le bouddhisme ne cherche pas à s'approprier toutes les grandes figures religieuses...

Bouddha sourit, Jésus souffre

Quand on regarde les représentations de Jésus et de Gautama, les différences sont saisissantes.

Bouddha est assis le sourire aux lèvres sur une fleur de lotus tandis que Jésus, les pieds et les mains cloués sur la croix, symbolise la souffrance...

Si je n'étais pas sérieux, je vous répondrais que le contexte social était différent ! Bouddha était un prince, tandis que Jésus fut un martyr persécuté par les Romains.

Bien que l'enseignement de Bouddha puise aux sources de la souffrance, son visage affiche un sourire empreint de sérénité. Bouddha est né dans une famille très aisée, il a mené une vie agréable qu'il a délibérément quittée. Il s'est imposé durant six ans de sévères privations puis s'est retiré dans la solitude pour pratiquer la méditation et le jeûne. Ce n'est qu'au prix de tels renoncements qu'il a atteint l'Éveil parfait. La méditation est l'élément essentiel de notre pratique religieuse.

Mais Bouddha et Jésus ont quantité de points communs : tous deux ont vécu dans le dénuement, le dévouement et le sacrifice. Ils nous montrent l'exemple à suivre quand ils se mettent au service de leur prochain et font don de leur personne.

L'humilité de mère Teresa

Si tout homme qui, par son dévouement et son abnégation, mérite la reconnaissance de ses sem-

blables, est un bodhisattva, considérez-vous mère Teresa comme tel ?

Mère Teresa est l'illustration du pouvoir de la force spirituelle. Je l'ai rencontrée à l'aéroport de Delhi en 1988. J'ai été fortement impressionné par son humilité. D'un point de vue bouddhique, mère Teresa est sans aucun doute un bodhisattva. En consacrant sa vie aux pauvres, elle a mis sa foi chrétienne en pratique. Je ne sais pas si j'aurais été capable d'en faire autant.

Un geshe catholique

Votre Sainteté, le trappiste Thomas Merton vous a initié aux fondements du christianisme...

Oui, c'est grâce à lui que je j'ai pu comprendre les fondements de la religion chrétienne. J'ai fait sa connaissance à Dharamsala en 1968, peu avant sa mort. Il incarne encore aujourd'hui pour moi la religion chrétienne. Thomas Merton était un homme profondément religieux et extrêmement humble. Je n'avais jamais rencontré une telle spiritualité chez un chrétien. Pour moi, il était un geshe catholique. C'est en discutant avec lui que j'ai pris conscience des similitudes entre le catholicisme et le bouddhisme. Plus tard, mon chemin a croisé celui d'autres chrétiens desquels émanait une force semblable. Mais ce moine cistercien fut le premier à me montrer ce que cela signifie d'être chrétien.

L'engagement des chrétiens dans les organisations humanitaires est formidable. Les bouddhistes pourraient prendre exemple sur eux. En revanche, je suis toujours déconcerté par leur façon de méditer ou de prier. Ils n'accordent aucune importance à leur posture corporelle, tandis que les bouddhistes y font très attention : ils privilégient la position assise et travaillent leur respiration. Les chrétiens pourraient aussi s'inspirer de nos techniques de méditation.

L'UNICITÉ DE L'HOMME

Les vertus de la bienveillance

Vous rencontrez au cours de vos voyages des gens venus de tous les horizons. Par-delà les différences culturelles, historiques et géographiques, les hommes ont-ils d'après vous un point commun ? Peut-on considérer l'humanité comme une grande famille ?

Mes tribulations m'amènent effectivement à fréquenter des hommes de cultures, de religions ou d'idéologies différentes. Si l'on se fie aux apparences, tout les sépare. Mais ces diversités ne tiennent qu'aux conditions climatiques dans lesquelles ils vivent. Quand il fait froid, il faut travailler dur pour survivre. Dans les pays plus chauds, au sud, où la nature est florissante, les hommes ont adopté un comportement plus nonchalant. L'espèce humaine s'acclimate à son milieu. Il y a autant de comportements humains que de microclimats. Mais l'homme est unique. L'aspiration au bonheur et à l'amour est commune à tous. Personne n'a envie de souffrir. Personne n'ignore les vertus de la bienveillance.

La bonté, la miséricorde et l'amour sont des gages d'espérance et de paix intérieure. L'inclination au bien est la condition du véritable progrès de l'humanité, en particulier de nos jours, où la question de la survie de l'homme se pose de façon si cruciale. La prise de conscience des responsabilités collectives ne se fera que si nous sommes animés par l'amour et la bonté.

Une éthique sans religion ?

Entendez-vous par là qu'il existerait une éthique en deçà de toute religion ?

Religion et éthique ne sont pas deux termes synonymes. On retrouve certes des préceptes moraux dans toutes les religions. Mais l'éthique n'est pas forcément liée à la religion. Il se révèle même essentiel de nos jours que l'éthique se passe du support de la religion, afin que les incroyants et les non-croyants puissent s'y raccrocher. D'aucuns pensent que l'éthique ou la morale n'existent pas en dehors d'un système religieux. Cela revient à dire que l'homme n'aurait aucun point de repère s'il n'adhérait pas à une croyance religieuse. Comment alors gouverner sa vie ? Il s'avère donc nécessaire de trouver une règle de conduite commune et valable pour tous, une loi morale universelle.

À notre époque, les réflexions sur la morale et l'éthique ne sont sûrement pas des divertissements pour intellectuels. Il en va de la survie de l'humanité. Nous sommes tous concernés par les questions d'environnement. Notre planète est menacée de destruction. Nous devons rechercher des solutions globales. Autrefois, on pouvait peut-être se limiter à traiter ces questions localement. Mais cette époque est révolue. Pensez à l'économie moderne et aux droits de l'homme. Pourquoi ne concerneraient-ils qu'une minorité ? Mais, heureusement, nous assistons aujourd'hui à l'émergence d'une nouvelle idéologie de l'humanité.

Notre mère adorée

Votre Sainteté, vous avez dit que l'amour entre une mère et son enfant était le modèle d'après lequel il fallait penser l'éthique universelle. Qu'entendez-vous par là ?

D'après nos enseignements, nous renaissons tous plusieurs fois. À partir de là, nous pouvons imaginer que tout être vivant sera notre géniteur potentiel dans une vie future. La tradition bouddhiste nous enseigne à voir dans chaque être « notre mère adorée », l'unique objet de notre reconnaissance. Dans les premières et les dernières heures de notre vie, nous sommes dépendants des soins et de l'affection de notre entourage. Pourquoi ne pourrions-nous pas, dans la force de l'âge, prendre à notre tour les autres en charge ? C'est valable pour tous, y compris pour les non-croyants. Notre vie commence dans le sein maternel où, enfants, nous puisons la confiance et l'assurance que nous aurons ensuite dans la vie et qui détermineront notre façon d'appréhender le monde.

De l'agressivité

Cette intimité étroite et cette harmonie originelle servent de référents à la pensée bouddhiste, qui s'intéresse en premier lieu à l'homme et à sa métamorphose. En Occident, on contourne le plus souvent la difficulté : en améliorant les conditions sociales et économiques, on règlerait les problèmes personnels...

Il ne faut pas nier l'importance des conditions sociales. Mais l'agressivité, source de tant de conflits et de troubles, est inhérente à la nature humaine. Les guerres qui éclatent sur notre planète sont imputables à l'homme et à son instinct d'agression. Cette propension naturelle n'est pas conditionnée par une culture, elle est fortement enracinée dans la nature humaine. Aucune mesure préventive ne suffit à juguler son hostilité foncière. Il faut traiter le problème à la racine ; d'où l'obstination du bouddhisme à vouloir transformer le cœur de l'homme. Cette métamorphose ne signifie pas pour autant qu'un « homme nouveau » verra le jour. Il s'agit juste de réduire nos mauvais penchants et d'accroître les bons.

Destin individuel, destin collectif

Notre siècle a vu le développement de nouvelles technologies qui s'accompagnent de la perte de l'autonomie et d'une interdépendance...

La mondialisation crée une situation d'assujettissement des États entre eux. Autrefois, les sociétés pouvaient vivre en complète autarcie. Les problèmes ne dépassaient pas le cadre de la ville ou de la région. Mais aujourd'hui, c'est à l'échelle de la planète qu'il faut trouver des solutions. Chaque Nation répond de son voisin plus ou moins proche. Une entité comme l'Organisation des Nations unies reflète bien la transformation des relations internationales. L'ONU est née des atrocités de la Seconde Guerre mondiale. Elle a le mérite d'exister, même si le droit de veto des cinq États du Conseil de sécurité est complètement antidémocratique. Regardez les conflits de l'ex-Yougoslavie : ils sont la preuve évidente qu'il faut prévenir les crises pour éviter qu'elles ne s'enveniment. Mais si déjà nous nous associions en pensée aux souffrances des hommes, ce serait un grand pas vers la paix.

Nous sommes tributaires les uns des autres. En adoptant une attitude responsable et positive envers nous-mêmes, nous rendons service à notre prochain. Je qualifie cette démarche d'« égoïsme vertueux ». L'intérêt individuel se confond alors avec l'intérêt collectif. Une fois les énergies rassemblées, nous conjurerons peut-être les grands dangers tels que la destruction de notre environnement ou la menace nucléaire.

Des bienfaits de la crise

À notre époque, tout le monde est au courant de tout, même de ce qui se passe à l'autre bout de la planète. Grâce à la rapidité des informations, nous assistons quasiment en direct à la guerre, aux catastrophes naturelles, aux crashs d'avions. Nous avons de plus en plus peur. Peut-on encore garder une lueur d'espoir dans ce monde d'horreurs ?

Les dangers sont bien réels. Les médias nous abreuvent d'images choquantes qui n'ont que le mérite de nous sortir de la torpeur ambiante. Ces crises peuvent même être considérées comme des bienfaits, car elles nous obligent à nous poser des questions. Une analyse approfondie des situations permet de trouver les remèdes appropriés. Mais nous tergiversons continuellement entre une pensée à court terme et une pensée à long terme, et nous optons parfois pour la solution de facilité. Il vaudrait sans doute mieux rechercher des solutions durables. La plupart des bénéfices immédiats se révèlent souvent inefficaces dans le temps. Le succès est souvent éphémère. Si l'on veut transformer les choses définitivement, il faut apprendre le cas échéant à renoncer au plaisir de l'instant. Ce n'est qu'en affrontant les problèmes concrètement et en prenant des mesures efficaces que nous retrouverons la confiance en un avenir meilleur.

Des solutions nouvelles

Est-il nécessaire de trouver des solutions nouvelles pour résoudre les problèmes actuels ?

En cette fin de IIe millénaire, notre vision du monde est conditionnée par un héritage culturel datant du XIXe siècle, inapte à répondre aux questions actuelles. C'est en particulier aux scientifiques qu'il revient de développer une réflexion adéquate. Parfois, j'ai l'impression que les chercheurs occidentaux sont enfermés dans leurs travaux de spécialistes. Ils en oublient l'objet de leurs investigations : l'amélioration des conditions de vie. J'ai rencontré des scientifiques sincères qui travaillent dans cette optique.

Les universités et les écoles devraient aussi s'atteler à la tâche. Dans les pays riches comme dans les pauvres, l'avenir des générations futures dépend de la formation qu'elles recevront. Il est urgent de donner aux jeunes les moyens de comprendre véritablement ce qui se passe autour d'eux.

La paupérisation galopante dans certaines parties du monde, la perte des valeurs morales, l'escalade de la violence sont imputables à l'homme et ne seront résolues que par son intervention. Les répercussions s'en font sentir plus cruellement dans certaines zones sensibles, mais à longue échéance c'est la planète entière qui en fera les frais. Toute la communauté est appelée à rechercher et à trouver des solutions. Dans le passé, certaines idéologies et pensées irréalistes ont eu des incidences catastrophiques dont nous avons tiré les leçons. Nous savons désormais que la bienveillance et l'amour du prochain doivent guider nos pas pour proposer des solutions qui ne portent préjudice à personne.

La religion, un luxe ou une nécessité ?

Les préceptes moraux comme les Dix Commandements ne sont pas plus aujourd'hui qu'autrefois des paroles pieuses, mais des principes dont l'observance préserve l'humanité du naufrage...

La Loi de Moïse ou les textes sacrés de la doctrine bouddhiste ne sont pas de belles paroles, mais des enseignements religieux et moraux indispensables. Enfreindre la loi est criminel. Ces obligations ne sont pas soumises à notre bon vouloir. D'aucuns relèguent les principes moraux, la pitié et le pardon dans la sphère religieuse, alors que leur observance est un devoir en toutes circonstances. Pensons au respect de l'environnement : si nous voulons que notre planète échappe au désastre écologique qui la guette, il faut convaincre le plus grand nombre d'hommes de ne pas sombrer dans l'indifférence et le relativisme. Mais il ne servirait à rien de leur imposer la vigilance et le respect. Il faut les amener à réaliser librement dans leur for intérieur le bien-fondé des principes moraux. La violence est toujours inefficace. Si les hommes ne répondent pas de leur planète, je ne sais pas de quoi notre avenir sera fait.

DIALOGUE
AVEC LE MONDE MODERNE

À mi-chemin entre la connaissance et la foi

Beaucoup prétendent que le bouddhisme est une religion de l'intellect et du raisonnement déductif. Quel rapport la foi entretient-elle avec la connaissance ?

De nos jours, les matérialistes et les croyants forment deux camps qui s'affrontent et qui, par ailleurs, s'attaquent au bouddhisme chacun à leur tour. Pour les uns, la pratique de la méditation passe pour de la nonchalance ou de la paresse, tandis que les autres lui reprochent de n'être qu'une métaphysique. Le bouddhisme se situe à mi-chemin entre la connaissance et la foi, au carrefour de deux extrêmes. Cette position stratégique peut nous permettre de jouer un rôle dans l'avenir.

Comme le grand maître de la « Voie du Milieu », Nagarjuna (IIe-IIIe siècles avant notre ère), n'a cessé de le souligner, le cheminement spirituel ne peut se faire que lorsque la connaissance ne contredit pas la croyance. Le bouddhisme est à la fois une philosophie et une spiritualité. Nous accordons vraisemblablement une place plus importante à la connaissance qu'à la foi. Beaucoup de phénomènes sont accessibles à l'esprit par la démonstration logique.

Mais notre connaissance a ses limites. Certains phénomènes nous échappent et sont indémontrables. Nous nous en remettons alors à Bouddha, qui a connu le Parfait Éveil, l'omniscience. Non pas que nous lui accordions une confiance aveugle, mais nous avons pu vérifier la justesse de certaines parties de son enseignement et partons du principe que le reste, même si nous sommes incapables pour l'instant de le comprendre, est juste. Bouddha nous a demandé de ne pas adhérer naïvement à sa doctrine mais de nous comporter, au contraire, comme des orfèvres qui contrôlent par divers procédés la pureté de l'or.

La « Voie du Milieu »

Et la méditation ?

En fait, je crois que le monde peut apprendre beaucoup de notre pratique ancestrale de la méditation. Cet art est compatible avec n'importe quelle croyance. Je n'ai de cesse de répéter à tous ceux que je rencontre que, si nous voulons la paix dans le monde, il faut commencer par faire la paix en nous-mêmes. Le but de la méditation est d'ouvrir notre cœur à l'amour et à la compassion, afin d'apaiser les tourments qui le troublent.

Si, d'un côté, les progrès de la technologie ont permis à l'homme de vivre plus agréablement, de l'autre ils ont engendré de nouveaux maux. Pensez à la destruction de l'environnement, à ces villes tentaculaires et bruyantes où les hommes s'agitent frénétiquement et s'entassent dans des logements exigus. Comment y trouver la paix de l'esprit ? Les tensions y sont exacerbées. Le mahayanisme propose un mode d'être qui vise à l'élimination de toutes les pulsions conflictuelles. Le bien-être matériel n'apporte à l'homme aucune satisfaction tant qu'il ne peut retrouver la quiétude de son âme. Pour mener à bien notre combat quotidien, il nous faut avoir l'esprit clair et tranquille. Les solutions s'imposeront à l'esprit si nous ne nous laissons pas dévorer par la haine, l'égoïsme, la jalousie ou la colère qui nous aveuglent et nous incitent à commettre des actes irréfléchis.

Depuis que le monde est monde

Les principales religions sont apparues à des époques fort lointaines où les conditions de vie étaient radicalement différentes. Les religions doivent-elles faire peau neuve pour s'adapter au monde moderne ?

Rien de surprenant à ce que l'homme moderne vivant dans un monde sécularisé soit imperméable à toute forme d'aspiration religieuse. Si l'on se contente d'une approche superficielle, sans approfondir sa réflexion, la religion paraîtra démodée et anachronique. Les mœurs ont évolué au cours du temps et l'homme s'est lui aussi transformé. Nos vieilles traditions religieuses semblent être tombées en désuétude. Rien d'étonnant, donc, si beaucoup de nos contemporains considèrent les religions comme impuissantes.

Pourtant, les interrogations fondamentales de l'homme n'ont pas changé depuis que le monde est monde. Les us et coutumes demeurent quasiment identiques, et les évolutions politiques et culturelles restent superficielles. Si, comme je le pense, l'homme n'a pas fondamentalement évolué, pourquoi les religions ne seraient-elles plus d'actualité ? Je suis sûr que si l'on pouvait faire parler la momie vieille de cinq mille ans retrouvée dans la vallée d'Oetz en Autriche, elle nous dirait combien elle se sent proche des préoccupations de l'homme du XXIe siècle.

En cas de force majeure

Le bouddhisme tibétain possède-t-il une dynamique interne lui permettant de s'adapter à de nouvelles circonstances ?

Nous ne pouvons modifier les règles qui constituent notre doctrine. C'est surtout vrai pour celles que Bouddha a lui-même fixées et qui s'appliquent aux communautés de moines et de religieuses. On peut admettre des exceptions en cas de force majeure. Mais, en général, les bouddhistes s'en tiennent aux fondements de la doctrine.

Les textes sacrés insistent pourtant sur l'importance d'adapter notre mode de pensée à la réalité, car une chose exacte dans un certain contexte peut se révéler inexacte dans un autre. De même, il peut arriver qu'on recommande de faire une chose interdite en temps normal. Nous disposons d'une certaine marge de manœuvre, l'essentiel étant d'analyser avec justesse la situation. En cela nous sommes aux antipodes de la démarche fondamentaliste, qui s'acharne à préserver les traditions anciennes et refuse tout compromis avec le monde moderne.

Le fondamentalisme

Pour quelles raisons les mouvements fondamentalistes connaissent-ils un tel succès actuellement ?

Cela s'explique facilement. Certains ont besoin d'affirmer leur identité pour mieux combattre leurs adversaires, ils ont besoin d'un appui solide : la religion, qu'ils transforment en idéologie. Si nous voulons endiguer l'intégrisme, il faut que les religions s'ouvrent les unes aux autres. Nos prétendues grandes différences ne sont que le fruit de notre imagination. Il est primordial aussi de favoriser le dialogue au sein même de la communauté religieuse, afin de démonter les préjugés qui entravent les rapprochements interconfessionnels. À la différence du catholicisme, la hiérarchie ne joue qu'un rôle secondaire dans le bouddhisme. Les bouddhistes tiennent compte de mon avis et de mes opinions, mais ils ne me considèrent pas comme infaillible.

Trop de rigidité condamne à l'isolement

Est-il possible de dialoguer avec des gens claquemurés dans leurs préjugés ?

Les relations avec les fondamentalistes sont toujours laborieuses, comme avec tous ceux qui se réclament d'une idéologie. Il n'y avait pas de discours possible avec les communistes purs et durs de l'ancienne Union soviétique. Pourtant, certains hommes politiques ont réalisé l'anachronisme du système et sont parvenus à imposer leurs idées. La majorité de la population ne soutenait plus le communisme. Le système totalitaire a fini par expirer en douceur, sans conflit déclaré avec l'Ouest. Il en va de même avec les religions qu'une trop grande rigidité condamne à l'isolement. En revanche, celles qui seront ouvertes au dialogue s'imposeront naturellement.

La perfection humaine n'est pas de ce monde. Mais nous pouvons espérer que l'esprit de tolérance et de bienveillance attirera de plus en plus d'hommes unis dans un même esprit pour œuvrer contre les fléaux destructeurs. Cela constituerait déjà un progrès.

Les philosophies du progrès

Le progrès ne se définit pas de la même manière en Occident et en Orient. En Occident, il est conçu comme un développement linéaire dans le temps, tandis qu'en Asie il se présente plutôt comme un mouvement cyclique dans lequel tout se répète...

Quand on parle de progrès en Occident, on sous-entend le progrès de la civilisation ; or le bouddhisme ne se préoccupe que de celui de l'individu, c'est-à-dire de sa transformation intérieure qui s'opère à travers des renaissances successives et apparaît comme un renouveau cyclique. Nous avons bien là deux conceptions du progrès qui reposent sur deux philosophies.

L'argent : une valeur absolue

Nos contemporains ne pensent qu'à gagner de l'argent. L'argent est devenu une valeur absolue, un objet de culte dans tous les milieux, y compris dans les sphères religieuses...

À chacun de mes voyages en Occident, je suis frappé de constater qu'il ne se passe pas un jour sans qu'il soit question d'argent. Voudrions-nous essayer de nous en passer, ne serait-ce qu'un seul jour, nous serions dans l'embarras. Les gens sont obsédés par leurs revenus, car ils ne sont heureux que lorsqu'ils peuvent acquérir des biens matériels. L'homme a radicalement transformé son échelle de valeurs en attribuant à l'argent et aux choses la première place. Et pourtant, tout le monde sait que l'amour et le dévouement ne s'achètent pas.

L'argent ne fait pas le bonheur, car l'homme ne se contente jamais de ce qu'il a. Son avidité le rend esclave. Il finit par vivre dans une insatisfaction et un stress permanents. Pour vivre serein dans un monde pareil, il faut savoir prendre du recul et garder la tête froide.

Il en va tout autrement dans les pays pauvres, où la nature pourvoit aux besoins élémentaires. L'homme peut se nourrir de plantes qui ne coûtent rien. Les gens sont extrêmement pauvres mais ne pensent pas à l'argent. Du temps où je vivais encore au Tibet, il m'était interdit de me mêler d'histoires d'argent. Aujourd'hui encore, je n'ai heureusement pas besoin de me soucier de mes finances ; mon secrétariat s'occupe de tout. Il n'empêche que les Tibétains ne peuvent ni se soustraire au système, ni vivre de l'air du temps. Le gouvernement en exil travaille pour trouver des moyens financiers assurant son fonctionnement, d'autant qu'il y a un déficit de deux millions de dollars dans ses caisses...

Entre l'ascèse et la jouissance

Quelle est la position du bouddhisme dans un système de pensée dominé par l'argent ?

Dans ce domaine aussi, nous recherchons un équilibre entre l'ascèse et l'avidité des plaisirs : la Voie du Milieu. Nous avons tous, les non-religieux compris, intérêt à nous détacher de la cupidité et à aspirer à la tempérance. Celui qui ne sait pas se contenter du peu qu'il a sera toujours insatisfait. Posséderait-il la terre entière qu'il voudrait encore autre chose. De surcroît, richesse rime souvent avec solitude. Car l'homme riche ne sait jamais si on l'aime pour lui ou pour son argent. Quand l'argent vient à manquer, les soi-disant bons amis s'éclipsent comme par enchantement. Cela permet heureusement de faire le tri entre les vrais et les faux. Un jour, j'ai été invité par un homme très riche qui vivait dans une maison superbe. Il avait tout pour être heureux ; pourtant, dans sa salle de bains, s'entassaient toutes sortes de petits flacons contenant des tranquillisants et des somnifères. L'argent n'a jamais fait le bonheur.

La sobriété et le dénuement ne sont pas l'apanage des bouddhistes ; les moines et religieuses chrétiens mènent aussi une vie modeste. Ils savent que l'argent, la richesse et la notoriété ne sont ni un but en soi, ni une garantie de bonheur durable.

Déception

Votre Sainteté, le Tibet a longtemps ignoré les progrès scientifiques et technologiques ; en revanche, il a gardé un sens profond des valeurs éthiques. Dans notre monde occidental tourné vers la modernité, on assiste au déclin des valeurs spirituelles. Y a-t-il une troisième voie entre ces deux extrêmes ?

Ce qui me préoccupe avant tout, c'est de trouver un équilibre harmonieux entre l'univers superficiel matérialiste et l'univers intérieur spirituel. Pour résoudre nos problèmes, il faut trouver une voie intermédiaire qui tienne compte de la croissance économique et de l'évolution personnelle de l'individu. Les progrès techniques et matériels ne sont pas mauvais en soi. Les pays pauvres en ont cruellement besoin pour améliorer leur niveau de vie.

Je suis toujours surpris de voir l'orgueil que les Occidentaux tirent des avancées technologiques dont ils déplorent dans le même temps les aspects négatifs. C'est bien la preuve que l'homme, en dépit du progrès, demeure un être en quête, à la recherche du sens profond de son existence. Mais l'homme ne doit pas négliger son âme au profit de son combat quotidien. Les religions sont là pour aider celui qui s'est noyé dans la futilité des choses à retrouver la quiétude et la sérénité de son cœur.

L'illusion trompeuse

Nombreux sont ceux qui ressentent un profond mal-être. Dans notre société carriériste, le nombre de dépressions et de tentatives de suicide ne cesse d'augmenter...

Voilà pourquoi il est urgent de passer le progrès au crible de l'éthique et de distinguer dans les acquis de la science ce qui est bon pour l'homme de ce qui est mauvais. La société d'abondance est souvent trompeuse. Elle cache la plupart du temps un désarroi profond, une angoisse terrible devant cette existence absurde. Malheur à toute personne victime de l'illusion qu'il est en son pouvoir d'acheter un sens à sa vie. La technique, la science et le progrès ne sont là que pour nous faciliter la vie mais ne peuvent apporter de réponse aux angoisses existentielles de l'homme, ni le réconforter dans son malheur.

Le manichéisme occidental

Dès leur plus jeune âge, les enfants subissent à l'école de très fortes pressions. On développe leurs capacités intellectuelles et l'on néglige de leur apprendre à être tout simplement des hommes. L'enfant doit accumuler durant sa scolarité une somme impressionnante de connaissances. Et les valeurs humaines sont laissées de côté...

Le goût des Occidentaux pour les études ne laisse pas de me surprendre. Pendant mes conférences, les auditeurs enregistrent mes discours et prennent des notes tandis que les bouddhistes tibétains et chinois, loin de déborder d'enthousiasme, écoutent dans un silence recueilli. D'où vient cette force qui pousse les Occidentaux à désirer toujours plus apprendre ?

Par ailleurs, le manichéisme occidental est un obstacle redoutable. Pourtant, dans la vie, rien n'est tout noir ni tout blanc. Le monde est complexe. On a complètement oublié ici qu'il est possible d'envisager les problèmes et les solutions sous plusieurs angles.

Cela tient sûrement au mode d'apprentissage occidental, qui repose sur la formation exclusive de l'intelligence à partir de l'accumulation des connaissances. On néglige l'esprit, l'âme et le cœur. Cela s'explique historiquement par la baisse d'influence des Églises. Autrefois, elles mettaient l'accent sur les valeurs spirituelles et morales. Il manque certainement quelque chose d'essentiel dans ce système éducatif qui privilégie la formation du cerveau au détriment de celle du cœur. Un homme sans cœur avec une tête bien faite est potentiellement dangereux. J'apprécie celui dont l'intelligence du cœur prime sur celle de l'esprit.

Les maux de la civilisation

Et qu'en est-il chez les jeunes Tibétains ? Leur formation échappe-t-elle à ces travers ?

Autrefois, seuls les monastères assuraient l'enseignement jusque dans les régions les plus reculées. Le développement de la spiritualité allait donc de soi. En revanche, c'est sans doute une erreur de faire prononcer des vœux à un enfant de sept ans. La plupart du temps, il ne comprend absolument pas ce qu'il fait. Dans la religion chrétienne, on entre dans la vie monastique à l'âge adulte, après avoir mûrement réfléchi et approfondi le bien-fondé de sa décision. Cela me semble plus raisonnable.

Quant à la formation des jeunes Tibétains, il faut dire que les exilés en Inde ou en Suisse ont beaucoup plus de chance que ceux qui vivent à l'intérieur du pays. Comme partout ailleurs, nos jeunes ne font pas toujours bon usage de leur intelligence et tentent de s'enrichir aux dépens des autres. On m'a rapporté qu'il y a quelques mois deux jeunes Tibétains se sont entretués. La rigueur morale se relâche chez nous comme partout. Notre peuple n'échappe pas aux maux de la civilisation moderne. Les bouddhistes ne font pas exception à la règle.

Je ne désespère pas de la nouvelle génération. L'avenir du Tibet en dépend. De nos jours, les médias exercent une très mauvaise influence sur la jeunesse. Toutes ces images atroces à la télévision sont une incitation à la violence. Cela fait des ravages chez les jeunes. Il faut réfléchir sérieusement aux mesures à prendre pour lutter contre la ruine de notre jeunesse. Le philosophe Karl Popper, que j'ai rencontré à plusieurs reprises, fait de l'éducation de la jeunesse la priorité essentielle de notre époque.

De la naïveté des rêves

En Occident, certains rêvent naïvement d'un monde qui pourrait se passer des technologies modernes. Les acquis technologiques et les progrès scientifiques sont-ils pour vous fondamentalement positifs ?

Bien sûr. Quand j'étais jeune, j'étais passionné par les découvertes tant technologiques que scientifiques. La science occidentale, avec sa pensée rationnelle, a largement contribué à l'amélioration du niveau de vie et des conditions d'existence de l'homme. Mais je suis plus sceptique quant aux récentes avancées. Sont-elles véritablement au service de l'homme, ou vont-elles le conduire à sa perte ? Le cauchemar d'une planète anéantie en quelques secondes peut devenir réalité. Néanmoins, on a vu se dessiner durant ces dernières décennies une évolution dans la réflexion des Occidentaux. Nombre de scientifiques m'ont confié leur souci d'envisager dorénavant plus rigoureusement les implications de leurs découvertes et leur volonté d'accompagner leurs travaux d'une réflexion plus globale.

Comme les doigts de la main

Au XVIIIe siècle, les grands esprits pouvaient encore penser le savoir dans son ensemble. Mais la spécialisation a progressé dans tous les domaines. Peut-on encore acquérir une vision globale ?

Les crises succèdent aux crises et ébranlent notre planète. Prier ne suffit pas. Nous sommes tous appelés à nous investir dans la recherche de solutions. La science ne doit pas devenir un but en soi. Elle doit être au service de l'humanité. La science, la technologie, l'éducation, la religion sont indissociablement liées. Je les ai souvent comparées aux doigts de la main. La main symbolise l'homme. On peut se passer d'un doigt, voire de plusieurs, mais si les doigts ne sont pas rattachés à la main, ils ne servent à rien. Nous ne devons pas oublier que les sciences, les idéologies et les systèmes politiques, pour différents qu'ils soient, n'ont qu'un but : rendre les hommes plus heureux. Même la réflexion ne doit pas devenir un but en soi. Devenir sans cesse plus humain doit être l'objectif premier.

L'esprit scientifique semble ne plus vouloir faire abstraction de la religion et de la spiritualité. C'est plutôt un signe encourageant. En discutant avec des biologistes, des psychologues, des physiciens et des astrophysiciens, je me suis aperçu qu'il y avait un changement. Ils se concentrent plus sur l'essentiel, l'homme, et examinent ce qui dans leurs découvertes peut lui être utile ou néfaste. Vous savez que la physique quantique a mis en évidence, à côté de minuscules particules, des forces qui ne proviennent pas de l'énergie produite par la matière !

Le dalaï-lama et la physique

Votre Sainteté, vous vous intéressez aux récentes découvertes de la science...

Oui, je lis avec plaisir des livres de biologie, d'astronomie ou encore de physique, que je n'ai, à mon plus grand regret, jamais eu la chance d'étudier. Je m'en remets aux scientifiques, professeurs et maîtres, en qui j'ai toute confiance, par exemple Carl-Friedrich von Weiszäcker. J'ai eu l'occasion d'assister à certains de ses cours, qui m'ont permis d'aborder, autant que faire se peut, cette discipline ardue. Hélas, sur le moment, je croyais avoir tout compris, mais cette impression s'est vite évanouie une fois l'exposé terminé...

LA CRISE SPIRITUELLE DANS LES SOCIÉTÉS RICHES

Un message adressé à tous, y compris aux athées

Face aux grands dangers qui menacent l'humanité, nombreux sont ceux qui se découragent. Comment l'individu peut-il vaincre ce sentiment d'impuissance, cette impression que tout effort ne serait que peine perdue ?

Ce que nous pouvons et devons faire, c'est aider les autres. J'entends par là partager leurs souffrances et les soulager. Souffrance partagée est à moitié apaisée. Ce principe est valable dans toutes les circonstances et sans exception, même vis-à-vis de notre ennemi. Que nous vivions au sud, au nord, à l'est ou à l'ouest, nous sommes tous logés à la même enseigne, accablés par des soucis et des tourments identiques. Cette règle de conduite ne relève pas d'une éthique religieuse précise. L'athée peut aussi en faire sa gouverne. Peu importe qu'on croie en Dieu ou en la réincarnation. L'angoisse ne doit pas inhiber notre détermination à faire le bien.

Faux prophètes

Ce serait donc si simple ? Et pourtant, chez nous, la cohorte des gourous qui s'enrichissent sur le dos de gens à la dérive ne cesse de grossir. Le nombre de faux prophètes se multiplie. Il est de plus en plus difficile de distinguer le véritable chef spirituel du charlatan.

Je ne peux que répéter ce que j'ai déjà dit : rechercher la vérité suppose une bonne dose de scepticisme. On ne doit jamais prendre pour argent comptant les propos de quelqu'un. En faisant l'économie d'une analyse critique, on court fatalement à sa perte. Tout système de pensée, aussi bien structuré soit-il en apparence, ne doit pas nous induire en erreur. En tout cas, il y a des précautions élémentaires à observer.

La situation devient extrêmement critique dès que la naïveté vous fait prendre vos désirs pour des réalités. Pour se forger sa propre opinion, il faut remettre en cause systématiquement chaque parole, lever les contradictions cachées, comparer les religions et les philosophies, décortiquer ces prétendues nouvelles doctrines pour mettre en évidence ce qui les sous-tend. Les nouveautés ne sont en général que des cache-misère.

Les victimes des sectes, privées de leur faculté de jugement, sont incapables de discerner le vrai du faux dans les belles paroles de leurs soi-disant guides spirituels. Elles sont comme envoûtées et soumises. Que de naïveté dans ces adhésions irréfléchies ! Nous sommes les auteurs de notre vie, ce serait une erreur de laisser à d'autres le soin de l'écrire. Par ailleurs, quand les sectes refusent le dialogue, elles commettent une grossière erreur, car rien n'est plus enrichissant qu'un échange d'idées. Quant à moi, j'ai été formé, conformément à la tradition tibétaine, dans la pluralité du bouddhisme par des maîtres issus d'écoles très diverses.

Attention à l'ésotérisme

Dans les dernières décennies, l'Occident a vu proliférer d'innombrables courants ésotériques se réclamant du bouddhisme.

Oui, et on y trouve de tout, des emprunts à une culture ou une autre, à telle ou telle tradition spirituelle... J'ai peine à m'y retrouver. Quant au bouddhisme, et plus particulièrement au tantrisme, j'aimerais mettre en garde tous ceux qui s'y aventureraient par curiosité ou par amusement. Il faut y avoir été initié par un maître expérimenté. Une mauvaise pratique du yoga peut entraîner des séquelles psychiques. Ce n'est pas sans raison que la transmission des enseignements tantriques, des sciences occultes et des pratiques qui s'y rattachent se fait de manière prudente et progressive.

À la foire aux religions

Ici, notre culture et notre religion font l'objet des plus vives critiques. On les rejette, on va chercher ailleurs, toujours plus loin, on multiplie les expériences, on teste toutes sortes de méthodes insolites censées nous apporter le salut. Les religions ressemblent à de nouveaux produits lancés sur un marché. On se croirait dans une foire où le bouddhisme aurait un stand à côté d'autres religions ou de commerçants d'idées...

Et à la foire, le client perd la tête ! Ou alors il papillonne à droite et à gauche ! À mon avis, il faut s'en tenir une fois pour toutes au choix qu'on a fait. À quoi cela rimerait-il de pratiquer intensément la méditation pendant quelques mois, puis d'arrêter complètement pour s'y remettre ensuite ? On ne mesure les bienfaits de la méditation et de la prière qu'en s'y adonnant sur une longue durée. La transformation de l'être intérieur exige du temps. Les Occidentaux sont beaucoup trop impatients. À l'époque des robots, où il suffit d'appuyer sur un bouton pour faire fonctionner une machine, on croit qu'il en va de même pour accéder à la connaissance parfaite. Et ce n'est pas parce que la majorité des gens s'accorde à le croire qu'elle détient la vérité.

Prenons un exemple dans notre vie quotidienne : imaginons un homme au restaurant qui, ayant l'embarras du choix, commande toute la carte. Il goûtera tous les plats, mais n'en finira aucun. Et qu'aura-t-il gagné en prime ? Une indigestion ! Le scénario est identique pour celui qui pratique la méditation en touriste. Il en tire plus de dommages que d'avantages.

Le goût de l'exotisme

Votre Sainteté, que répondriez-vous à celui qui vous dirait : « Je vous ai entendu et vous m'avez convaincu. Je ne trouve plus rien dans la religion chrétienne, je vais donc me convertir au bouddhisme ? »

Je m'inquièterais, car il ne faut jamais rejeter sa religion ou sa culture à la légère. Hélas, on a très vite tendance à s'emballer pour tout ce qui est exotique en oubliant que les religions ont toutes le même but : servir son prochain. Alors pourquoi n'arrive-t-on pas à respecter sa communauté religieuse d'origine et à demeurer en son sein ? Mon dessein n'est absolument pas de faire du prosélytisme. En revanche, je suis un humaniste qui souhaite contribuer au bonheur de l'homme.

En parcourant le monde et en officiant lors de cérémonies, j'ai fait découvrir le bouddhisme jusqu'alors inconnu du plus grand nombre. Depuis quelques décennies, en Europe et en Amérique du Nord, il suscite un intérêt toujours croissant. Il existe aujourd'hui dans le monde plus de cinq cents centres bouddhistes. Je m'en réjouis, bien sûr. Mais je le répète : mon intention est seulement d'œuvrer à l'établissement de la paix dans le monde.

Néanmoins, je tiens à mettre en garde tous ceux qui s'engageraient dans le bouddhisme sur un coup de tête. Il faut approfondir sa réflexion. La précipitation n'est pas bonne conseillère. La prudence s'impose dans toute conversion. Un excès de zèle, courant chez les convertis de fraîche date, est néfaste. Une vieille maxime tibétaine dit : « Rien ne sert de changer d'habit, il vaut mieux changer son cœur. »

UN SECOURS DANS LA VIE

Pas de stupéfiants pour l'Éveil

Si je vous ai bien compris, il ne s'agit en aucun cas de fuir le monde. Nombre de personnes en Occident justifient la consommation de drogues par l'utilisation qu'en faisaient certaines religions primitives pour favoriser la méditation.

Les drogues sont à bannir totalement. L'approfondissement de la spiritualité passe par un cheminement intérieur, et non par l'absorption de succédanés artificiels. La drogue annihile les facultés mentales et émousse l'acuité intellectuelle, qui est le but recherché par la méditation. Atteindre l'Éveil parfait suppose la pratique d'exercices spirituels, un travail quotidien sur soi, et sûrement pas la prise de stupéfiants. La consommation de drogues répond au besoin de fuir. Au lieu d'affronter très concrètement les difficultés de la vie, certains préfèrent l'oubli des paradis artificiels. Voilà pourquoi il faut veiller à maintenir l'équilibre psychique et individuel de l'homme, et favoriser son intégration au sein des collectivités. Je crois que le comportement moral de l'individu est déterminé par son appartenance à une religion.

Progrès et crise des valeurs

L'Occident n'a jamais été aussi riche. Et pourtant les hommes ne cessent de s'interroger sur le sens qu'ils peuvent donner à leur vie.

L'augmentation du niveau de vie est indéniable dans de nombreux pays. Mais les récentes inventions et découvertes n'ont pas rendu l'homme plus heureux ni plus pacifique. Bien que l'analphabétisme et l'illettrisme n'aient jamais autant régressé, l'homme ne s'est pas pour autant bonifié.

L'inquiétude et l'insatisfaction n'ont fait que croître. Le progrès n'arrange pas tout. Il ne manque pas d'exiger son tribut. Lorsqu'un fossé se creuse entre notre évolution personnelle et celle du monde extérieur, lorsque nous sommes en désaccord avec nous-mêmes et les autres, nous entrons dans une zone de perturbations. Il est alors grand temps de réagir et d'envisager des changements. Serions-nous incapables de nous prendre en main que les conséquences ne tarderaient pas à se faire sentir.

Tout le monde sait qu'en nous levant du bon pied le matin nous mettons tous les atouts dans notre jeu. Quand nous sommes sereins et détendus, les petits tracas se règlent en un tournemain et les mauvaises nouvelles ont moins d'emprise sur nous. Si nous sommes de mauvaise humeur et insatisfaits, nous ne voyons même plus les côtés positifs de notre existence. Nous retournons notre mécontentement, notre colère, notre haine contre nous-mêmes et les autres.

Nous nous sentons mal dans notre peau. La vue d'une belle fleur, le sourire d'un enfant, le chant d'un oiseau nous laissent indifférents. Voilà pourquoi il est important d'être bien dans sa peau. Quelle que soit notre position dans la hiérarchie sociale, du haut au bas de l'échelle, nous partageons la même aspiration à vivre en paix avec nous-mêmes et les autres.

L'affection : un besoin vital

Vous voyez donc une relation de cause à effet entre le progrès matériel et la crise des valeurs en Occident. Ici, il fait toujours bon et chaud dans nos maisons, mais pour ce qui est des relations entre les gens, il semble que nous soyons entrés dans une ère glaciaire.

Tout commence au sein de la famille. Il ne suffit pas que les parents allument les radiateurs dans la chambre de leur enfant, ils doivent l'entourer de chaleur affective. L'enfant doit se sentir en sécurité, accepté et aimé. Que d'enfants non désirés et délaissés par leurs parents ! Cela donne des adolescents tellement désespérés qu'ils en viennent parfois au suicide. Comment pourraient-ils mesurer le prix de la vie et donner un sens à leur existence si personne n'a jamais fait attention à eux ?

Pour qu'un bébé se développe bien, tant sur le plan physique que psychique, il lui faut de l'amour et de l'affection bien avant qu'il balbutie ses premiers mots. Certains trouvent inutile de parler à un tout-petit qui, apparemment, ne comprend rien. C'est une erreur. À en croire les pédopsychiatres, les premières semaines de la vie d'un enfant sont déterminantes pour le développement de son cerveau.

Rien de tel pour un bébé que les caresses que lui prodigue sa mère. Dès ses premières heures, il est sensible à l'amour dont on l'entoure. L'amour, c'est comme l'oxygène : il est aussi indispensable à l'homme que l'eau au poisson.

De génération en génération

Supposons que l'amour parental ait une influence sur le développement de l'intelligence chez l'enfant ; celui qui en serait privé n'aurait alors pas les mêmes chances de réussite dans sa future vie professionnelle. L'amour est la charpente sur laquelle s'édifie la société humaine...

Les enfants qui grandissent dans un climat d'amour ont toutes les chances de bien se développer. À l'école, ils apprennent plus vite et, dans la vie, ils réussissent mieux. Mais l'environnement familial ne suffit pas. Les enseignants ont aussi un rôle important à jouer, et pas n'importe lequel. Leur attitude est déterminante dans l'apprentissage, car les enfants éprouvent plus ou moins de plaisir à étudier certaines matières. Un professeur distant et froid, injuste et négatif, n'obtiendra rien de ses élèves. Manifeste-t-il de la compréhension, de la sympathie et de l'intérêt qu'il parvient à motiver le plus récalcitrant. Le professeur doit faire preuve de patience et d'enthousiasme s'il veut obtenir des résultats. C'est d'autant plus important que ces expériences seront déterminantes quand ces enfants fonderont à leur tour une famille et créeront un climat heureux autour de leurs enfants. Et ainsi de suite, de génération en génération.

Un enfant qui a souffert d'un manque d'affection part avec moins de chances dans la vie. Comment savoir ce qu'est l'amour, si on n'en a jamais reçu ? Comment aller ensuite vers les autres ? Si vous n'avez pas été aimé petit, vous risquez d'être plus tard un adulte fragile et angoissé. La compréhension, l'indulgence et l'amour pourraient être les fondements d'une éthique universelle indépendante de toute religion.

L'angoisse fait recette

L'angoisse fait recette. Cette maladie progresse de façon endémique. Malgré les thérapies mises au point par les psychiatres et les psychothérapeutes pour enrayer le fléau, le mal court toujours. Que faire ?

Il fait généralement bon vivre dans les villes modernes ; en contrepartie, l'homme y souffre souvent de la solitude. Rien ne me surprend plus que ces gens incapables de dire bonjour à leur voisin, mais qui, en revanche, déversent leur trop-plein d'affection sur leur chien. Je sais que la vie actuelle est dure, que l'homme a peur et se méfie de tout le monde.

Les médias participent à ce phénomène en diffusant en permanence des informations catastrophiques. Chaque matin, on nous bombarde à la radio et dans les journaux de nouvelles épouvantables : violences, crimes, guerres et cataclysmes. Pas un jour sans qu'il se produise un drame. Nous avons l'impression de vivre avec une épée de Damoclès au-dessus de la tête. Les générations précédentes, faute d'informations, échappaient à ce type de pressions. Tout homme normalement constitué en vient, un jour ou l'autre, à se poser des questions. Et il s'inquiète.

L'inquiétude : un facteur aggravant

Il est dit dans un chant religieux de Paul Gerhardt, poète allemand du XVIIe siècle, que Dieu ne s'apitoiera pas sur nos inquiétudes, nos pleurs et nos peines et qu'il ne nous reste qu'à le supplier... Si nous n'avions que nos peines... mais l'inquiétude les rend encore moins supportables.

Chez nous, nous disons qu'il n'y a jamais lieu de désespérer tant que nous pouvons trouver des solutions. Mais s'il n'y a aucun remède, rien ne sert pour autant de sombrer dans le désespoir. Pourquoi devrait-on s'inquiéter quand on sait pouvoir résoudre de toute manière un problème ? Si les événements sont inéluctables, il ne reste plus qu'à se résigner. Mais l'inquiétude nous paralyse. Pourtant, elle est stérile, voire nocive. Quant à moi, j'ai pour principe de ne jamais perdre espoir tout en me préparant au pire.

Nous croyons au karma. Lorsqu'un grand malheur nous arrive, nous savons qu'il nous faut reconnaître nos erreurs et notre part de responsabilité. Le destin n'apparaît plus alors comme une fatalité ; il ne reste plus qu'à le prendre en main. C'est tout un conditionnement qui permet de vaincre le désespoir et la peur.

Ce n'est pas grave d'essuyer une déception ou une déconvenue. La vie continue, apportant son lot de satisfactions et d'insatisfactions. Mais si nous misons tout sur une seule carte, et en prime sur la mauvaise, nous avons toutes les chances de sombrer dans le désespoir ou la dépression et d'être tentés de mettre fin à nos jours. Après une bonne analyse de la situation, on réalise que tous les espoirs sont permis.

Serein même devant la mort

Votre Sainteté, y a-t-il des moments où votre belle assurance vous abandonne, et où l'angoisse, par exemple de mourir dans un accident d'avion, s'empare de vous ?

Enfant, j'avais peur du noir, cela m'est passé avec l'âge. Peu m'importe le sort qui me sera réservé. En revanche, mon destin est lié à celui de six millions de Tibétains qui attendent beaucoup de moi. Quand on fait un travail sérieux sur soi-même, on ne craint pas l'éventuel accident d'avion. Je me prépare chaque jour à mourir. Pour les bouddhistes, la mort est une chose naturelle, un phénomène qui fait partie du cycle des renaissances, du samsara. La mort n'est pas une fin. Nous n'avons rien à craindre de cette vieille amie que nous acceptons sans même y penser. Pour moi, mourir revient à troquer un vêtement usagé contre un neuf. Il se peut que ce soit un moment très agréable.

Les messagers des dieux

Pourquoi sommes-nous condamnés à souffrir ? L'homme s'évertue depuis l'Antiquité à répondre à cette question. Nos contemporains préfèrent délibérément l'occulter. De son côté, le bouddhisme propose une interprétation : la vieillesse, la maladie et la mort sont des messagers envoyés par les dieux (Deva-Duta), *afin de nous rappeler la douloureuse impermanence de notre existence.*

Nous ne pouvons pas accéder tout seul à la « Parfaite Connaissance ». Nous avons besoin d'aide : la pratique quotidienne de la méditation se révèle un précieux soutien. Au lieu de nous étourdir dans le bruit et les activités multiples, au lieu de refuser la vieillesse, la maladie et la mort, prenons le temps de les penser et de nous familiariser intérieurement avec elles. Si nous sommes *a priori* conscients que vivre est synonyme de souffrir et de mourir, la mort devient partie intégrante de la vie. Nous acceptons ainsi la vie dans son entièreté avec ses bons et ses mauvais moments. Inutile donc de craindre le jour où il nous faudra faire nos adieux.

La souffrance est une école de la vie. Si l'on observe le parcours des grands hommes, on constate que les épreuves qu'ils ont traversées les ont aguerris. Lorsque la vie vous a trop gâté, la moindre difficulté vous fait sombrer dans le désespoir le plus profond.

Pour s'en convaincre, il suffit de comparer la joie de vivre de la génération qui a connu la Seconde Guerre mondiale avec la morosité des jeunes d'aujourd'hui.

On se trompe souvent, on prend un bien pour un mal, et vice versa, alors qu'il suffirait juste de modifier notre angle de vue pour remettre les choses à leur place.

Ombre et lumière

Prendre des distances par rapport à soi-même et à ce qui nous arrive est essentiel pour ne pas se laisser submerger par la tristesse...

La méditation est ici aussi d'un grand secours. Nous savons d'expérience que le malheur et l'insatisfaction ne génèrent jamais rien de bon. Si nous réfléchissons au sens et à la valeur de l'existence, il nous apparaît clairement que notre condition de mortels sape notre optimisme. Il est difficile d'accepter de vieillir même si l'on croit en une vie après la mort. Il serait complètement utopique de vouloir rester éternellement jeune. La vieillesse fait partie de la vie. Rien ne peut prévenir les effets du temps. Alors pourquoi ne pas accepter notre destin au lieu de le nier ou de se révolter contre lui ?

En refusant de voir les aspects négatifs de l'existence, on se prépare mal à vivre la perte d'un proche, une grave maladie ou tout autre moment difficile. Il faut s'armer, de peur que le malheur ne nous anéantisse complètement. Le bouddhisme nous enseigne que les maux dont nous souffrons proviennent de l'accumulation de nos mauvaises pensées et actions inspirées par la haine et l'ignorance. On parle dans ce cas de karma négatif. Il influence les conditions de notre renaissance, si bien que nous ne sommes pas à l'abri d'une réincarnation en animal. Cela n'est pas à souhaiter, car seule notre condition d'homme peut nous permettre de nous affranchir de la souffrance en réduisant le solde négatif de notre karma, tandis que les animaux n'ont aucune emprise sur lui.

L'expérience de la mort

En quoi la méditation peut-elle nous préparer à la mort ?

Au cours de mes exercices quotidiens, je me concentre au moins huit fois sur la mort. J'imagine les circonstances dans lesquelles elle se produira et les étapes par lesquelles je devrai passer avant de faire le grand saut. Malgré cette préparation, je ne peux affirmer à l'avance que, ma dernière heure venue, je partirai calme et serein.

Ceux qui s'indignent des atrocités commises en Bosnie ne font qu'anticiper leur propre mort. Ils pleurent avant d'avoir mal. Face à la dernière grande échéance, il n'y a que deux attitudes possibles : soit s'en moquer, soit l'accepter avec lucidité. Il n'est pas en notre pouvoir de décider de l'heure de notre mort, il est donc absurde de s'inquiéter à l'avance. Cette attitude face à la mort a le mérite d'apaiser nos angoisses, à défaut de les maîtriser.

Les dispositions dans lesquelles nous sommes au moment de passer de vie à trépas sont pour nous, les bouddhistes, déterminantes dans la mesure où elles conditionnent notre renaissance future. Nous devons quitter la vie sereinement. La méditation est pour de nombreux grands maîtres spirituels l'occasion de faire l'expérience de la mort. C'est ainsi qu'ils s'y préparent. Les tantras, manuels de pratiques rituelles, proposent plusieurs exercices préparatoires au passage dans l'autre vie.

Les visages de la mort

La mort est un des thèmes récurrents dans l'œuvre du poète allemand Rainer Maria Rilke. Il note dans son livre d'heures : « Ô Seigneur, donne à chacun la mort qui lui revient. Qu'il meure comme il a vécu, dans l'amour, la détresse ou la raison. »

La mort se présente sous plusieurs visages. Quand elle est attendue et naturelle, on part le cœur en paix. Cette sérénité influence les conditions de la réincarnation. Selon la doctrine bouddhiste, la mort survient quand la force vitale ou les « mérites » karmiques arrivent à épuisement.

Mais beaucoup meurent subitement. Une infirmière m'a un jour raconté que les croyants quittent fréquemment la vie en proie à de terribles angoisses, car ils craignent le Jugement dernier. Pourtant, quand on a fait tout son possible, que l'on s'est dévoué aux autres, pourquoi devrait-on s'inquiéter ? Il en va tout autrement pour ceux qui ont commis des actes répréhensibles, qui ont mal agi, qui ont porté préjudice à autrui ; à leur dernière heure, ils sont dévorés de peur et de culpabilité.

L'avidité

Honni soit qui mal y pense, comme on dit chez nous. Pourquoi ne pouvons-nous pas échapper à la tentation de faire le mal, alors que nous savons qu'il nous rattrapera au tournant ? Pourquoi avons-nous tant de difficultés à faire le bien ?

Le mal est profondément enraciné dans la nature humaine. En nous laissant corrompre par les forces du mal, nous accumulons un karma négatif, nous nous nuisons à nous-mêmes. Nous devons donc nous efforcer de devenir meilleurs.

Selon l'enseignement bouddhiste, la plupart de nos difficultés proviennent de notre désir insatiable de posséder des choses auxquelles nous attribuons à tort une valeur impérissable. L'avidité et la convoitise sont des facteurs d'agressivité entre individus mais aussi, à plus grande échelle, entre Nations. Il en a toujours été ainsi, depuis que le monde est monde. Mais, de nos jours, les conditions sont réunies pour que les conflits virent au drame. Ne nous laissons pas empoisonner par la cupidité, la convoitise et l'agressivité qui fomentent les crises !

Ayant été formé dans la tradition mahayaniste, je crois qu'il n'existe que deux antidotes contre le mal : l'amour et la compassion. Je consacre la plus grande partie de mon temps de méditation quotidienne au développement de la compassion et de la miséricorde envers tous les êtres vivants, en ayant soin de penser l'existence comme un tout.

Cet état d'esprit facilite grandement mes relations avec les Chinois. Ce serait une faiblesse que de m'abandonner à la haine, à l'irritation et à la colère. J'y perdrais la sérénité de mon âme. On pourrait certes m'objecter que les exercices spirituels visent à transformer le cœur humain et contribuent assez peu à résoudre les conflits politiques. Mais de nombreux problèmes sous-jacents à la politique sont induits par des prises de position individuelles vindicatives. Les crises ne trouveront de solutions durables que dans la mesure où l'homme opérera une transformation fondamentale de tout son être.

Ne pas se tromper d'adversaire

D'où provient le mal ?

Le bouddhisme donne plusieurs explications. Il y a tout d'abord cette vie antérieure qui détermine nos mauvais penchants actuels. S'ajoutent à cela les éventuelles mauvaises influences. Si nous n'avons dans notre entourage que des personnes mal intentionnées, nous ne sommes pas encouragés à faire le bien. Nous perdons notre confiance en nous-mêmes et en l'humanité, et sommes portés à rechercher notre avantage personnel au détriment de celui des autres.

Il ne faut pas se tromper d'adversaire. On peut chercher à se protéger d'un ennemi extérieur en se construisant une carapace. Mais rien ne nous met à l'abri de celui qui nous habite, j'entends par là la haine et la colère, qui nous causent beaucoup de tort et nous empêchent d'apprécier la beauté des choses. Prenons un exemple simple :

vous savez que j'adore réparer les montres. Un jour que j'avais essayé en vain d'en faire fonctionner une à nouveau, je me suis mis en colère et je l'ai cassée en tapant dessus.

La poutre dans l'œil

La plupart du temps, nous nous refusons à voir nos propres défauts. En revanche, ceux des autres nous sautent aux yeux. Dans l'Évangile de saint Matthieu, il est dit que l'homme est toujours tenté de voir la paille dans l'œil de son prochain avant de voir la poutre qui est dans le sien. Nous prenons fréquemment notre ami pour notre ennemi.

Nous ne devrions nous intéresser qu'au mal qui loge au fond de notre cœur. Les inimitiés ponctuelles passent avec le temps. En revanche, la colère, la haine et la cupidité demeurent, car elles sont inhérentes à la nature humaine. Nul homme ne fait exception. L'autorité, le désir et la haine sont toujours là, potentiellement prêts à nous détruire. Le véritable ennemi, le mal, ne rend jamais les armes. Pactiser avec lui serait une erreur, car on n'a jamais vu le mal accomplir le bien. Il ne reste plus qu'à le juguler, afin de retrouver la paix qui nous est due. Le fauteur de troubles, l'ennemi, est en nous.

L'autre, l'ennemi de passage, peut se révéler l'ami fidèle de demain. La fréquentation de mes ennemis m'a beaucoup appris.

Ennemi d'aujourd'hui, ami de demain

Aimer son ennemi ?

Entourer notre famille et nos amis d'affection et de bienveillance ne suffit pas. C'est à nos ennemis qu'on se doit de prodiguer le plus de soins. C'est quand on aime son ennemi qu'il devient peut-être à son insu notre véritable ami. Je mesure ma force intérieure à la tolérance et à la bienveillance que je déploie envers l'autre, et en particulier envers l'étranger. Le respect du prochain est une des vertus cardinales que le mahayanisme incite à pratiquer.

Tous des hommes

La tolérance et l'intégration de l'étranger sont d'autant plus importantes que les cultures sont de nos jours amenées à se mélanger. Or on voit monter en Europe des tendances xénophobes. Les exactions commises à l'encontre des étrangers ne cessent de se multiplier...

Certes, mais l'opinion publique s'en offusque. C'est bon signe. Tant que la population se refuse spontanément à intégrer les étrangers, aucune mesure politique ne peut inverser la tendance. Il faut accueillir les étrangers avec bienveillance et ouverture d'esprit. N'oublions pas qu'ils sont nos semblables. Si nous avons toujours présente à l'esprit cette évidence, il n'y a plus de raison de brandir nos boucliers.

La xénophobie exprime souvent la peur de l'inconnu. Lorsque deux personnes ne se connaissent pas, elles s'abordent généralement avec prudence. Il est pourtant facile de venir à bout de ses craintes. Quand je vois pour la première fois quelqu'un, je me moque bien de savoir ce qu'il fait dans la vie, s'il est riche ou pauvre. La seule chose qui compte pour moi est l'expression de son visage, son sourire et son regard, qui m'en disent plus long sur lui que toutes les informations inscrites sur son passeport. À chaque fois que j'ai l'occasion de rencontrer un étranger, je ne vois en lui que l'homme avec un grand H.

Les enfants d'Afrique, d'Europe et d'Asie jouent ensemble sans se poser de questions. Ils ne se soucient pas des différences culturelles. Ils se lient très facilement d'amitié pour peu qu'ils s'entendent bien. Que leur importent leur race ou la couleur de leur peau ! Il n'y a qu'à les observer pour comprendre que nous appartenons tous à la grande communauté humaine.

LE BONHEUR ET SES CONCEPTIONS

Bonheur et malheur

Votre Sainteté, vous insistez souvent sur le fait que tout homme porte en lui l'aspiration au bonheur. Mais n'y a-t-il pas une grande différence entre l'idée que nous nous en faisons ici et celle que s'en font les bouddhistes ?

Le mot « bonheur » recouvre plusieurs significations. Mon bonheur suppose que je sois en paix avec moi-même et que les Nations vivent en paix les unes avec les autres.

J'aimerais tant que tout homme sur terre vive dans des conditions décentes... La pauvreté et la misère n'ont jamais rendu personne heureux. Tout un chacun, sans exception, doit pouvoir satisfaire ses besoins fondamentaux : boire, manger et avoir un toit au-dessus de sa tête.

Ils se trompent, ceux qui pensent que vivre dans l'aisance et dans la facilité rend plus heureux.

L'argent ne fait pas le bonheur. Bien au contraire, car plus on en a et plus on vit dans l'inquiétude de ne pas en avoir assez. Celui qui acquiert des biens par pure convoitise sera déçu dès qu'il découvrira que son voisin en possède encore plus que lui. C'est l'escalade infernale au prix de l'insatisfaction permanente. Tout dépend de la façon dont on perçoit personnellement le bonheur. On peut ressentir une grande souffrance physique tout en étant parfaitement heureux, car l'esprit s'est détaché du corps. C'est juste une question d'entraînement. Si nous acceptons les désagréments de la vie avec une profonde sérénité, si nous savons les estimer à leur juste valeur, nous devenons par la même occasion réceptifs au moindre bonheur.

Au rayon « Bonté »

L'acquisition de biens matériels rend manifestement heureux, à en croire notre société de consommation qui incite constamment l'individu à acheter ; on crée des besoins dont la satisfaction est censée nous combler... Même nos cérémonies religieuses dégénèrent en grandes fêtes de la consommation.

Ce serait une illusion de penser que l'acquisition de biens matériels rend heureux. Bien que les sciences et les technologies aient contribué considérablement à améliorer le bien-être de l'homme, elles ne pourront jamais vendre ou produire du bonheur. J'ai vu aux États-Unis et en Europe des grands magasins remarquablement approvisionnés où l'on peut se procurer toutes sortes de produits. En revanche, je n'en ai trouvé aucun qui ait un rayon « Bonté ». Le bonheur de l'homme se réduit aux plaisirs artificiels et superficiels. Mais le cœur, dans tout ça, dépérit et s'atrophie. On peut certes transplanter un cœur, mais aucune chirurgie ne le rendra plus aimable.

A contrario, une vie modeste revigore ce cœur anémié. Pour être heureux, vivons simplement. Sachons nous suffire du peu que nous avons, voire nous en détacher, et ayons des joies simples ! Une tenue modeste, une petite maison sans prétention n'empêchent pas d'être heureux. Quelle joie même de parvenir à ne plus nous laisser bercer de l'illusion trompeuse qui nous attache aux choses...

Le but ultime

La recherche du bonheur constitue-t-elle le sens de notre vie ?

Notre vie est sûrement orientée vers la recherche de la sérénité, de la joie et du bonheur.

Mais le secret du bonheur se cache dans un cœur aimant et compatissant. Dès les premières heures de sa vie, l'homme cherche instinctivement à être heureux et à éviter la souffrance, quels que soient son origine sociale, son éducation, son instruction, l'idéologie dont il se réclame ou le pays dans lequel il vit. Je ne connais aucun système politique qui soit supérieur à un autre. Tout homme a le droit d'être heureux dans son pays.

PAIX ET ENVIRONNEMENT

Dans la lignée du Mahatma Gandhi

Lorsque vous parlez du droit au bonheur d'un homme sur le sol qui l'a vu naître, vous pensez sûrement à votre patrie, au Tibet. Au moment où la violence est omniprésente dans le monde, vous incarnez la résistance pacifique. Vous refusez tout recours à la force. Toutes les solutions de paix que vous avez proposées se fondent sur la tolérance et le respect mutuel, à l'instar du Mahatma Gandhi ou de Martin Luther King, célèbre pour avoir défendu la cause des Noirs américains et qui a lui aussi en son temps reçu le prix Nobel de la paix.

Je dois beaucoup aux enseignements du Mahatma Gandhi. Je suis allé à Oslo en 1989 pour recevoir le prix Nobel de la paix. Dans le discours que j'ai prononcé à cette occasion, j'ai expliqué comment j'interprétais l'honneur qui m'avait été fait : pour moi, c'était la preuve qu'il était inutile d'alerter l'opinion publique en luttant avec des armes puisque le combat non violent mené par les Tibétains avait réussi à attirer l'attention sur leur détresse. On a compris l'enjeu de notre lutte, les valeurs essentielles pour lesquelles nous nous battons : le respect de la vie sous toutes ses formes, la confiance dans la vérité toute-puissante. Seul le dialogue mènera à une solution durable de la question tibétaine.

L'utilisation de la force règle les problèmes à court terme, mais elle les complique à long terme. Voilà pourquoi je préconise la résistance passive et les actions non violentes.

Une défense passive

Si l'on songe aux soulèvements répétés au Tibet, on pourrait conclure que cette politique est en passe de prouver ses limites !

Non, je ne suis pas de cet avis. En 1987, j'ai présenté un plan de paix en cinq points stipulant que le Tibet devait être une nation démocratique avec un gouvernement indépendant et réservant à la Chine ses prérogatives en matière de politique extérieure. Les Chinois ne réagissant pas, j'ai retiré mes propositions en 1991. Les concessions importantes faites aux dirigeants chinois m'avaient suffisamment valu de critiques auprès des Tibétains. Quoi qu'il en soit, je reste plus que jamais partisan de la non-violence.

De la reconnaissance des Chinois

Y a-t-il des situations dans lesquelles la religion peut approuver le recours à la force ?

Oui, tout dépend des circonstances. La fin peut justifier les moyens. Quand il n'y a aucune issue possible, le recours à la force est légitime. Au vu de la situation tibétaine, l'affrontement armé serait synonyme de suicide. La Chine serait capable d'exterminer la totalité du peuple tibétain.

J'en veux pour preuve les derniers témoignages de reconnaissance que j'ai reçus de Chinois vivant en Chine ou en exil. Ils m'ont assuré que j'avais évité le pire, pour eux comme pour nous, en restant ferme dans mes convictions et en choisissant de ne jamais riposter par la violence. J'ai fait le juste choix. Je m'en réjouis.

L'avenir de l'humanité

Vue sous cet angle, la non-violence est-elle plus que la simple absence de violence ?

La non-violence est pour nous une attitude spirituelle nourrie d'amour et de miséricorde. On peut être aimable en ayant un cœur plein de fiel, ou déterminé en étant pétri de compassion. C'est l'intention véritable qui compte. D'aucuns pensent encore que la non-violence est réservée aux gens pieux.

Quant à moi, je crois qu'elle est à la portée de tout le monde et que l'avenir de l'humanité ne dépend que de la coexistence pacifique des hommes. Si la haine et la violence prenaient le dessus, nous aurions à craindre le pire. En regard du potentiel d'armements, la non-violence est devenue le seul moyen de nous préserver d'un désastre planétaire. Il faut garder cette idée de la non-violence toujours présente à l'esprit. Nous avons eu au XXe siècle suffisamment d'exemples des misères et des souffrances engendrées par les guerres pour craindre désormais les engagements armés.

Haine et violence

Peut-on concevoir un monde sans violence ? Ou bien est-ce plutôt une utopie ?

Hélas, la colère, la haine et la violence sont à l'origine de tous les conflits actuels, que ce soit au Moyen-Orient, dans le Sud-Est asiatique ou en ex-Yougoslavie. Beaucoup de foyers d'agitation naissent du refus de comprendre et d'accepter les différences. Ni les armes, ni les soldats, ni un renforcement des aides au développement ne changeront ces relations. Nos destins sont désormais liés, nous devons en prendre conscience. La haine et la violence ne rendent pas les vainqueurs plus heureux. La guerre sème sur son passage la pauvreté et n'apporte pas le bonheur à ceux qui étaient soi-disant les plus forts.

La guerre froide est finie, et pourtant l'arsenal des armes nucléaires capable de réduire à néant la planète n'a pas été détruit. Mû par sa volonté de destruction, l'homme déclenche inlassablement des hostilités, mais il est toujours perdant. Les hommes politiques devraient se retrouver pour des rencontres informelles au cours desquelles ils feraient connaissance et apprendraient à se comprendre dans une ambiance décontractée. Ni les races, ni les cultures, ni les idéologies ne doivent nous séparer parce que nous sommes tous frères devant la paix et la guerre, solidaires du sauvetage ou de la destruction de l'environnement.

Attention à vous, mes enfants !

Chez les bouddhistes, à la différence des chrétiens, l'homme n'est pas le couronnement de la création, il n'a pas pour vocation de dominer la Terre...

Quelles que soient nos conceptions, la dure réalité actuelle nous oblige à modifier notre façon de voir les choses. Les bouddhistes pensent que la planète Terre se comporte avec nous un peu comme une mère qui nous aurait mis au monde et qui pourvoirait à nos besoins. Elle nous traite avec amour. Notre devoir est donc de veiller à notre tour sur elle. Au vu de la destruction massive de l'environnement, notre mère, la Terre, semble nous lancer un avertissement : « Mes enfants, soyez raisonnables. Si vous continuez ainsi à piller votre planète, vous courez à la catastrophe. »

Jusqu'à présent, la mère a toléré les funestes agissements de ses enfants. Mais si nous exagérons, elle se chargera de nous rappeler à l'ordre. Nous ne devons pas occulter les signes alarmants. Nous ne pouvons plus agir comme des vandales en ne pensant qu'à nous. Cette planète est un peu comme notre maison. Il ne viendrait à l'idée de personne de mettre le feu chez lui pour se réchauffer. Si notre planète était anéantie, où irions-nous ? Sur la Lune, peut-être ?

De l'oxygène pour les poissons

À l'heure actuelle, nombre d'entre nous commencent à prendre l'avertissement au sérieux. Ces initiatives suffisent-elles ?

Il y a quelques signes encourageants de bonne volonté, comme les tentatives pour commercialiser des vaporisateurs à la place des sprays dont les gaz sont responsables du trou dans la couche d'ozone ou encore l'initiative prise à Stockholm pour redonner vie au lac Mälaren : il y a quelques années, alors que je me trouvais dans cette ville, j'avais vu cette eau morte où ne frayait plus aucun poisson. On m'avait parlé de pollution. Lors d'un séjour plus récent, j'ai appris, de la bouche du roi en personne, que le lac était sauvé. Les usines installées en amont sur les rives du fleuve qui alimente le lac avaient pris des mesures draconiennes. Les poissons avaient maintenant assez d'oxygène.

Mais c'est à chacun de nous qu'il revient de veiller : en vivant modestement et raisonnablement, en respectant la nature et en ne gaspillant pas ses trésors. Si nous n'arrêtons pas le pillage, l'équilibre sera détruit et les catastrophes naturelles se multiplieront. L'humanité courra à sa perte, entraînant avec elle la faune et la flore.

Ahimsa

Votre Sainteté, est-il vrai que vous vouliez faire du Tibet une zone de paix ?

Oui, une région d'*ahimsa. Ahimsa* est un terme hindi désignant un État de paix et de non-violence qui s'inscrit dans la tradition de l'État bouddhique religieux. Mon rêve serait de transformer l'ensemble des hauts plateaux tibétains en une terre d'accueil sur laquelle l'homme et la nature pourraient cohabiter harmonieusement.

Les hommes venus des quatre coins du monde pourraient y vivre en bonne intelligence. Le Tibet serait le point à partir duquel la paix rayonnerait sur la terre entière.

J'aimerais aussi transformer le Tibet en une gigantesque réserve naturelle. Les organismes travaillant en faveur de la paix et de la protection de la vie y seraient les bienvenus. Grâce à son relief élevé, à son histoire et à son héritage spirituel, le Tibet me semble avoir les qualités requises pour jouer dans cette zone stratégique le rôle de tampon entre les grandes puissances asiatiques. Il s'agit ici encore de trouver la Voie du Milieu si chère aux bouddhistes. Nous recherchons constamment une position médiane entre deux extrêmes, entre deux individus, entre deux peuples et entre deux cultures.

Pauvreté et aisance

La majeure partie de la population mondiale vit dans une extrême pauvreté, le reste dans l'aisance. Mais quelle que soit notre situation, nous sommes tous logés à la même enseigne...

Les pays pauvres ont besoin d'une croissance économique rapide pour assurer leur survie ; or l'accroissement de leur niveau de vie participe dans une grande proportion à la destruction de l'environnement. Sans développement économique, la survie de la majeure partie de la population mondiale est remise en cause ; parallèlement, les risques de déséquilibres écologiques augmentent.

Nous sommes enfermés dans un dilemme, car il est impossible de faire marche arrière en niant tous les apports de la technologie depuis le XIXe siècle. Devons-nous fermer toutes les usines et revenir à un système autarcique ? C'est évidemment impossible.

Déjà dans les années soixante, j'avais évoqué ce sujet avec un Indien qui proposait que chacun cultive son lopin de terre pour subvenir à ses besoins personnels. Il fallait selon lui démanteler toutes les grandes exploitations. C'était un « écologiste » avant l'heure, car il n'avait jamais entendu ce mot, encore inconnu en Inde.

Toutes ces réflexions ne sont pas valables uniquement pour nous ; elles mettent en jeu l'existence des générations futures. Les hommes s'enrichissent toujours plus au détriment des ressources naturelles, qui s'épuisent. Songeons aux forêts : on ne connaît même pas les répercussions exactes du déboisement sur le climat, le sol et l'équilibre écologique. Nous allons nous laisser dépasser par les événements si nous continuons de mener une vie trop facile. Il faut penser le monde dans sa globalité sous peine de laisser des problèmes insolubles en héritage à nos enfants et à nos petits-enfants.

DE LA LIBERTÉ RELIGIEUSE AU TIBET

Les moulins à paroles

Votre Sainteté, que reste-t-il de la liberté religieuse au Tibet depuis la sinisation orchestrée par les Chinois ? Les moines peuvent-ils pratiquer leur religion en toute liberté ?

Les Chinois avaient espéré que le bouddhisme allait disparaître en l'espace d'une ou deux générations. Ils croyaient effectivement pouvoir éliminer toute conviction et toute croyance au profit du marxisme. Ils ont essayé et essayent encore par tous les moyens d'empêcher le maintien de la tradition. La situation est différente selon les régions. Dans la province prétendument autonome du Tibet, les interdictions sont plus rigoureuses que dans les provinces d'Ahmdo et de Kham ou dans les régions plus éloignées, que les autorités chinoises contrôlent plus difficilement.

Les Chinois ne comprennent manifestement rien à l'esprit du bouddhisme. Ils autorisent certains gestes religieux comme les prosternations, où l'on touche de ses mains jointes le front, le cou et la poitrine avant de s'allonger à plat ventre sur le sol puis de se relever et ainsi de suite à plusieurs reprises. Certaines formes de prière sont autorisées ainsi que l'utilisation de moulins à prières et de lampes à beurre, le port d'un bracelet de prière et la récitation de mantras, ces formules sacrées dont la plus courante, mais intraduisible, est : *« Om mani padme hum. »* Ces gestes mineurs ne sont que des signes ostentatoires. L'essentiel pour nous réside dans le développement de notre intériorité spirituelle et dans la métamorphose fondamentale de notre attitude vis-à-vis de notre entourage, et plus particulièrement vis-à-vis de notre prochain.

Il faut des années d'étude pour comprendre le bouddhisme. Hélas, les grands maîtres spirituels sont rares de nos jours au Tibet. Ceux qui y sont encore et qui continuent bon an mal an de transmettre leur enseignement subissent d'énormes pressions et vivent dans la crainte constante de représailles. Il est désolant de voir que nous n'avons plus les moyens de transmettre cette doctrine. Si cette situation s'éternise, le bouddhisme pourrait se scléroser et devenir une religion fantoche. Il faut plus de dix ans pour former un moine. S'il n'approfondit pas l'étude des enseignements, il ne peut ni les assimiler ni les faire siens : il se réduit alors le plus souvent à un moulin à paroles. Il y a de bons maîtres, mais ils ne vivent pas au Tibet. Les monastères tibétains m'ont lancé des appels pour que je leur envoie des enseignants bien formés, car ceux qui restent à l'intérieur du pays ont aujourd'hui entre soixante-dix et quatre-vingts ans.

La souffrance d'un peuple

Que pensez-vous de la situation actuelle du Tibet ? Les Chinois prétendent avoir libéré plus de mille Tibétains depuis 1987 et n'avoir pratiqué aucune exécution...

Difficilement crédible. Nous avons des preuves : il y a eu au moins trois ou quatre exécutions publiques depuis cette date. Des gens ont disparu sans laisser de traces et des milliers ont été torturés en prison. Les méthodes de torture sont épouvantables : les prisonniers sont saignés jusqu'à ce qu'ils meurent exsangues. Certaines enquêtes menées par des amis du peuple tibétain nous ont fourni des informations précises sur les violations des droits de l'homme au Tibet.

Le peuple tibétain est soumis à une politique d'implantation massive de populations chinoises dans la province de Han. L'identité du peuple tibétain est menacée. On en arrive au point où les Tibétains représentent une minorité sur leur propre sol. On y pratique la stérilisation forcée et l'avortement jusqu'au neuvième mois. Un million de Tibétains sont morts au cours de la dernière décennie. On a méthodiquement détruit plus de six mille monastères. Des centaines de moines et de religieuses ont été chassés de leurs centres spirituels. La faune et la flore ont subi de graves dommages, et l'environnement est menacé car le Tibet sert de poubelle pour les déchets nucléaires chinois.

Une culture en péril

Qu'en est-il du respect des droits de l'homme au Tibet ?

Ces déplacements de populations chinoises rendent la situation extrêmement préoccupante. Les Tibétains perdent leur travail, vivent dans la pauvreté et ont recours au soutien du gouvernement chinois. Les relations entre Chinois et Tibétains sont extrêmement tendues. La moindre revendication est interprétée par les Chinois comme de la résistance politique. Les Chinois violent impunément les droits de l'homme. Ils pratiquent la torture et les arrestations sommaires.

Dans les régions majoritairement chinoises, la langue officielle est le chinois. À long terme, c'est toute la pensée et le mode de vie des Tibétains qui seront modifiés en profondeur. L'influence de la Chine met en péril la culture du Tibet. J'ai le devoir de préserver de toute urgence mon peuple de cette sinisation galopante.

Les relations avec Pékin

Y a-t-il des contacts directs entre vous et le gouvernement de Pékin ?

Il y en a eu. En 1979, le gouvernement en exil a tenté de négocier avec les Chinois. À cette époque, Deng Xiaoping m'a fait savoir par l'intermédiaire du gouvernement chinois en place au Tibet que tout pouvait être soumis à la discussion, sauf l'indépendance totale du Tibet. À l'instar de Hongkong et de Taiwan, où des Chinois vivent sous un autre régime politique, j'avais imaginé qu'une solution de ce type pourrait être envisagée. Je me suis battu pendant quatorze ans pour un règlement de la question du Tibet. Je n'ai jamais réclamé l'indépendance totale du Tibet, partant de l'idée que le système politique pourrait se concilier avec notre pratique religieuse.

Nous avions pu à ce moment-là envoyer trois délégations au Tibet pour observer la situation sur place. Ainsi, nous étions à même de discuter en connaissance de cause avec le gouvernement chinois à Pékin. Nous avons vite compris que la question du Tibet n'existait pas pour les Chinois. Les difficultés venaient, nous a-t-on répondu là-bas, du fait que le dalaï-lama vivait en dehors du Tibet. Les Tibétains se portaient très bien et étaient très satisfaits du gouvernement chinois en place.

Nous avons bien entendu exprimé notre désaccord et fait savoir aux Chinois qu'un règlement de la question du Tibet servirait à la fois les Tibétains et les Chinois. Compte tenu de l'imbrication de leurs intérêts, il serait sans doute plus judicieux pour eux de réviser leur analyse de la situation tibétaine. En 1987, j'ai lancé mon plan de paix en cinq points. Puis j'ai proposé devant le Parlement européen de Strasbourg un projet de règlement faisant du Tibet une entité démocratique avec un gouvernement autonome, laissant à la Chine la direction de la politique extérieure. Ces larges concessions accordées aux dirigeants chinois m'ont valu les critiques de mes compatriotes. Côté chinois, il n'y a eu, là encore, aucune réaction. Devant ce silence, j'ai retiré mon offre. Je reste malgré tout décidé à poursuivre mes efforts.

Des sanctions

Quelle attitude devraient adopter les gouvernements étrangers vis-à-vis de la Chine pour apporter leur soutien au Tibet ? Faut-il prendre des sanctions pour faire pression ?

La Chine est le pays le plus peuplé du monde. Il ne faut surtout pas l'exclure du réseau des relations internationales. Mais dans le même temps, il faut faire savoir clairement à nos amis chinois qu'ils ne se comportent pas bien, et condamner leurs violations des droits de l'homme. C'est ce que j'ai fait quand j'ai dit que j'étais contre les jeux Olympiques à Pékin. On peut s'inspirer de la politique menée à l'encontre de l'ancienne Union soviétique, qui dénonçait clairement les atteintes aux droits de l'homme, tout en cherchant à maintenir des relations avec les dirigeants en vue d'améliorer la situation. Si les mots ne suffisent pas, on peut prendre des sanctions économiques.

De la justice

Y a-t-il des ressemblances entre le marxisme et le bouddhisme ?

Je me sens très proche des idées socialistes de justice et de fraternité, qui sont formulées différemment dans la doctrine bouddhique. Le système capitaliste est loin d'être une panacée. Voyez ce fossé qui se creuse toujours plus profondément entre les riches et les pauvres !

Un puja pour les victimes de la place Tien-An-Men

Les Chinois s'intéressent-ils au bouddhisme ?

Le bouddhisme tibétain semble susciter un intérêt croissant chez les jeunes Chinois, en particulier chez les intellectuels. La Chine et toute l'Asie sont ébranlées par des crises idéologiques. Dans la tourmente, notre religion peut servir de point d'ancrage. Bien que le marxisme demeure officiellement en Chine la seule idéologie reconnue et autorisée, plus personne n'y adhère vraiment. L'argent est devenu l'unique valeur de référence. Le danger actuel réside dans l'indifférence et le cynisme face aux valeurs essentielles.

Le bouddhisme pourrait contribuer à rasséréner les esprits. En 1989, j'avais demandé que soit organisée une cérémonie de prière à la mémoire des victimes du massacre de la place Tien-An-Men, un *puja*. Tout à coup, les Chinois ont tendu l'oreille. Depuis, nous avons établi des contacts réguliers avec certains mouvements en Chine qui luttent pour la démocratie.

Le panchen-lama

N'avez-vous pas tout dernièrement cherché à renouer le dialogue avec les Chinois, à la mort du panchen-lama, en 1989, pour obtenir l'autorisation de vous lancer dans la recherche de sa réincarnation ?

Le gouvernement en exil s'est rendu à l'ambassade de Chine à Delhi en vue de déposer une demande d'aide. Il m'appartenait personnellement de m'occuper de cette affaire. Le panchen-lama est le deuxième personnage dans la hiérarchie religieuse du bouddhisme tibétain, et l'ancien panchen-lama s'était particulièrement investi dans la recherche du XIVe dalaï-lama. J'avais proposé à cette époque aux Chinois qu'une délégation de moines habilités se rende au Tibet à la recherche de la réincarnation. Au bout de trois mois, une réponse négative arriva, stipulant que le dalaï-lama n'avait pas à ingérer dans les affaires de la Chine.

Le gouvernement en exil

Y a-t-il un gouvernement en exil travaillant aux intérêts du pays ?

Oui, à Dharamsala, en Inde, où je vis actuellement. Nous n'avons pas encore de partis politiques, mais cela va venir. Le gouvernement cst constitué de députés élus par la communauté en exil.

POLITIQUE ET RELIGION

Un garde-fou pour les hommes politiques

Votre Sainteté, vous dites que la religion a un rôle à jouer dans l'établissement de la paix dans le monde. Mais lequel ? Quand on voit la dictature exercée par le pouvoir politique...

Il faut que la religion pénètre les milieux politiques. Les politiciens ont encore plus besoin de la religion que les hommes qui se sont retirés du monde pour vivre leur religion. On n'entend parler que de scandales politiques et économiques qui découlent d'un manque de rigueur personnelle des responsables. Le Premier ministre du Bengale-Occidental m'a déclaré un jour que, pour lui, l'homme politique passait avant l'homme religieux. Je lui ai répondu que la politique avait besoin du secours de la religion.

Si un ermite est un homme mauvais, il ne nuit à personne d'autre qu'à lui-même. Mais on connaît le pouvoir des hommes politiques ; s'ils n'ont pas de bonnes intentions, ils ne peuvent que causer du tort. La religion, par le travail constant de réflexion sur soi-même qu'elle exige, est une sorte de garde-fou pour les détenteurs du pouvoir politique.

Un homme politique doit avoir des principes moraux. La religion et la politique sont indissociables. Aux États-Unis, l'Église et l'État sont séparés, mais lorsque le président des États-Unis prête serment, il le fait une main posée sur la Bible. Dieu est pris à témoin que le Président remplira sa fonction loyalement.

L'homme : une noble cause

La corruption gangrène la vie politique. Les hommes de religion préfèrent se tenir à l'écart. Faut-il toujours avoir les mains sales pour faire de la politique ?

Je sais que politique rime de nos jours avec amoralité. Mais ce n'est pas une raison suffisante pour s'abstenir. Une politique qui ferait fi de l'éthique serait une plaie pour la société, un homme ignorant la morale creuserait sa propre tombe. La politique n'est pas nécessairement une chose sale, quoique bien des politiciens aient détourné les belles idées humanistes à leur profit. Nombre de croyants pensent que la politique et la religion ne font pas bon ménage ; ils considèrent comme déplacées les interventions en politique de théologiens ou de chefs religieux.

Ce point de vue est un peu simpliste. Aujourd'hui plus que jamais, l'homme ne peut faire l'économie de l'éthique. On sait ce qu'il advient lorsque les politiciens et les hommes d'État bravent la morale. Peu importe qu'on croie en Dieu ou au karma. L'éthique est le fondement de toute religion. Il est essentiel que les fidèles ne se coupent pas du monde et de la société dans lesquels ils vivent. Il faut être dans le monde pour secourir son prochain. Toute religion a pour but ultime le service de l'autre. Quand on regarde le cas du Tibet, on comprend la nécessité de l'implication de la religion dans la vie politique. Si on laisse se poursuivre l'extermination des Tibétains orchestrée par les communistes chinois, c'est non seulement tout un peuple qui disparaîtra mais aussi une grande culture. C'est à l'ensemble des Nations qu'il incombe de défendre la cause de notre vieille culture tibétaine.

LE BOUDDHISME TIBÉTAIN

Le jour où l'oiseau de fer volera...

Depuis les années soixante-dix, des millions d'Européens et d'Américains ont découvert le bouddhisme tibétain et le mode de vie qu'il propose. Certains apprécient la logique de sa pensée, d'autres sont fascinés par la magnificence des cérémonies rituelles ou par la rigueur de la méditation. Tous ces éléments combinés, issus de la doctrine primitive, forment une synthèse applicable à tous les domaines de la vie, que résume parfaitement la formule « Voie du Milieu ».

Il a fallu deux événements marquants pour que le monde s'intéresse au bouddhisme et à ses différentes écoles : l'invasion du Tibet par les Chinois en 1950, et la fuite du dalaï-lama et d'éminents dignitaires religieux. Les voyages du dalaï-lama en Europe et aux États-Unis ainsi que la création en Occident de plusieurs centres tibétains suscitent un intérêt toujours plus vif.

Cette évolution illustre pour beaucoup les paroles prophétiques du grand maître spirituel indien du VIIIe siècle, Padmasambhava, qui a importé le bouddhisme au Tibet : « Le jour où l'oiseau de fer volera, où les chevaux rouleront sur des roues, les gens du pays de Bodh se disperseront à travers le monde comme une armée de fourmis, et le dharma (la doctrine bouddhique) abordera au continent de l'homme rouge. »

Serein et actif

Les enseignements du bouddhisme peuvent nous apporter à tous quelque chose, car ils s'appuient sur une expérience concrète de la vie. L'existence de l'être vivant est le pivot autour duquel s'articule toute la pensée. La vie est conçue comme un tout où chaque élément est interdépendant. Il est inutile de se lancer dans l'apprentissage long et difficile de la doctrine pour qui veut comprendre l'essentiel de la pensée bouddhiste, car tout homme qui réfléchit un tant soit peu s'aperçoit que la vie et tous les phénomènes qui l'accompagnent sont conditionnés et éphémères.

L'homme admet difficilement la fugacité de l'existence, qu'il ressent douloureusement. Il se cramponne au passé et s'attache à des plaisirs futiles qui le rendent malheureux. Tout ce à quoi il tient, ses désirs, ses soucis, ses peurs, ses espoirs, et même son Moi, ne sont aux yeux d'un bouddhiste qu'illusions et aberrations.

Nous ne sommes que de passage sur cette terre, comme le dit le dalaï-lama, nous accumulons des vécus puis nous repartons. Mais puisque nous sommes là, autant en tirer le meilleur parti. Bouddha nous montre la voie à mi-chemin entre la sérénité du monde intérieur et l'agitation du monde extérieur. Nous recherchons le repos de l'esprit sans cesse troublé de pensées et de sentiments. Les bouddhistes aspirent à la tempérance. Il y a une prière catholique bien connue qui traduit cette même aspiration : « Accorde-moi, Seigneur, d'accepter l'inéluctable. Accorde-moi le courage d'agir quand cela est en mon pouvoir. Et accorde-moi la sagesse qui guidera mes pensées. »

Les multiples visages du bouddhisme

Les textes sacrés du bouddhisme ne sont pas d'un accès facile. Heinz Bechert, spécialiste des questions bouddhiques, affirme qu'il suffit d'en connaître les grandes idées pour en comprendre la pertinence.

Il reste difficile de s'y retrouver car, durant vingt-cinq siècles, le bouddhisme s'est répandu et intégré dans plus de trente pays asiatiques aux cultures diverses. Il a pris de multiples visages, et produit une littérature abondante. Les enseignements bouddhiques ont été traduits dans plus de vingt langues.

Mais la traduction des concepts reste très approximative. Pour nous autres Européens, des mots tels que religion, résurrection, personne, âme, mort ou renaissance renvoient à des représentations mentales qui n'existent pas dans la tradition culturelle indienne où le bouddhisme a vu le jour.

Plusieurs vies ne suffiraient pas à entreprendre l'étude exhaustive de l'ensemble de la littérature bouddhique. Parmi les milliers de textes, certains sont plus volumineux que la Bible. La bibliothèque des chrétiens n'est pas aussi fournie ; l'Ancien et le Nouveau Testaments comptent soixante-treize livres pour les catholiques, et soixante-sept pour les protestants.

Les « Trois Véhicules »

Le bouddhisme est aujourd'hui la quatrième religion dans le monde. Selon les estimations, le nombre de ses adeptes va de cent cinquante millions à cinq cents millions. Il est difficile d'obtenir des chiffres précis, car la pratique du bouddhisme n'exclut pas l'appartenance à une autre religion. En 1993, l'Institut allemand des statistiques dénombrait 309 millions de bouddhistes dans le monde, soit 5,7 % de la population mondiale. Trois cent sept millions d'entre eux vivent en Asie et ne représentent que 9,7 % de la population asiatique. On compte en Chine 67 millions de bouddhistes, soit 5,8 % de la population chinoise. En Europe, on dénombre 271 000 bouddhistes, et dans l'ancienne Union soviétique 404 000. En Amérique, ils sont plus d'un million, en Australie 25 000, en Nouvelle-Zélande et en Afrique 20 000.

Les bouddhistes comparent leur doctrine à un véhicule qui les conduirait au nirvana. Il y a trois véhicules, le « Petit Véhicule », le « Grand Véhicule » et le « Véhicule du Diamant » – respectivement hinayana, mahayana et vajrayana. L'hinayana, la plus ancienne école, est essentiellement présente à Ceylan, en Thaïlande, en Birmanie et au Cambodge. Le mahayana, apparu aux alentours de l'an mille, s'est propagé en Chine, au Japon, au Viêt-nam et en Corée. Le vajrayana s'est maintenu au Tibet, en Mongolie et au Japon.

Entre l'hindouisme et les modernes

La doctrine bouddhiste s'inspire largement de quelques-unes des idées directrices de la pensée philosophique et religieuse de l'hindouisme primitif. Elle reprend en premier lieu la doctrine du samsara, selon laquelle l'homme se voit abandonné au cercle des renaissances successives, puis elle s'approprie la doctrine du karma, d'après laquelle tout être parcourant une série d'existences renaîtra dans une vie déterminée par ses bonnes ou mauvaises actions accomplies dans sa vie antérieure. L'ordre monastique prend aussi naissance dans les temps prébouddhiques. La communauté religieuse au sens strict, appelée *sangha*, se compose de moines *(bhiksus)* et de religieuses *(bhikshuni)*. On prétend que Bouddha, doutant de la moralité des femmes, aurait lui-même émis des réserves sur leur présence dans l'ordre. Au sens large, les laïcs appartiennent aussi à la communauté. Pendant longtemps les congrégations de femmes observèrent une règle plus rigoureuse que celle édictée pour les congrégations d'hommes. Les ordres de religieuses étaient placés sous la coupe des moines. De nos jours, les mahayanistes ne font plus de différence entre religieuses et religieux.

Toutes les orientations développées par le bouddhisme existaient avant Bouddha et formaient le système de pensée le plus ancien et le plus abouti qu'on connaisse à cette époque. Prenons par exemple le *samkhya*, qui signifie « nombre-compte » : tout concept y est précisé au moyen d'une énumération de ses composantes. Ainsi les Quatre Nobles Vérités (le credo bouddhique) comportent de longs enchaînements de concepts. D'autres disciplines comme le yoga et l'ascèse, devant permettre à l'homme d'approfondir la connaissance, étaient déjà pratiquées dès le milieu du VIe siècle dans le nord de l'Inde.

Le dalaï-lama n'est pas un pape

Le bouddhisme apparaît souvent dans les études comparées des religions comme un terme général regroupant divers courants de pensée. Cette religion n'a pas de chef à sa tête. Il n'y a pas de pape bouddhiste. Cela ne signifie pas pour autant que le dalaï-lama n'incarne pas, par son humanisme, son altruisme et la perspicacité de sa pensée, le bouddhisme et la figure historique de Bouddha.

Le mot « bouddhisme » vient de Bouddha, qui signifie « Celui qui a connu l'Éveil », terme par lequel on a désigné le fondateur de cette religion, le prince Siddharta Gautama. Bouddha vécut cinq siècles avant le début de l'ère chrétienne (560-480 avant Jésus-Christ) dans une région située à la frontière actuelle entre le Népal et l'Inde. Issu de la lignée des Sakyas, il a reçu le nom de Bouddha Sakyamuni (« le sage de la famille Sakya »). La tradition prétend qu'il serait par lui-même sorti de la nuit de l'ignorance pour entrer dans la lumière de la connaissance. On le vénère comme un être supérieur, au demeurant simple mortel, pour avoir vaincu la haine, l'avidité et l'aveuglement. Selon ses dires, il n'était pas le premier bouddha, et d'autres bouddhas lui succéderaient. À la différence de Jésus, Bouddha Gautama ne prétend pas être le sauveur de l'humanité mais un sage qui se contenterait d'indiquer le chemin aux autres.

Le bouddhisme se distingue des autres religions par son ancienneté et sa vocation à l'universalité. Il ne reconnaît pas de Dieu créateur. Selon la doctrine, l'univers et l'ordonnance morale du monde existent depuis le commencement des temps. En Occident, on considère souvent le bouddhisme comme une religion athée. Des évolutions plus tardives de la doctrine font de Bouddha un dieu vénéré, bien qu'il se soit lui-même de son vivant inscrit en faux contre cette dévotion. L'amidisme au Japon, avec son adoration de Bouddha Amida, présente des similitudes avec le monothéisme.

Tout être connaîtra la délivrance

L'enseignement bouddhique souligne plus que tout autre le caractère éphémère de toute vie. De ce fait, l'Europe a longtemps considéré le bouddhisme comme une doctrine pessimiste, et opposé son nihilisme à l'enthousiasme des religions occidentales. Une connaissance plus approfondie a permis de corriger cette vision simpliste et erronée. Le bouddhisme, loin de nier le monde, indique le chemin de la délivrance accessible à tous les êtres pour échapper au cercle infernal des renaissances, au samsara. Le but ultime du bouddhisme est l'affranchissement de la douleur et l'accès au nirvana – l'« extinction », cet état où l'homme n'alimente plus les feux de la passion, où il échappe à la fatalité du devenir.

L'homme ne connaît que la souffrance, la douleur, la déception, la vieillesse et la mort. Son aveuglement lui est fatal. Mais le sage exerce sa volonté pour se détacher des plaisirs et rechercher inlassablement l'action juste. Peu lui importe alors de « quoi » est faite sa vie, l'essentiel étant pour lui de savoir « comment » il la vit. « La transformation de la conscience individuelle induite par un acte de volonté le conduira naturellement à la délivrance, au nirvana », comme le dit Ernst von Aster dans son *Histoire de la philosophie*.

Du samsara au nirvana

Le bouddhiste aspire à quitter le cycle des existences, le samsara, pour parvenir au nirvana. Aucun apprentissage théorique ne peut permettre de comprendre ce que représente le nirvana. Comme la sagesse indienne ne s'apprend pas, le bouddhiste ne parvient à la connaissance qu'au moyen de la connaissance intuitive, de l'expérience et de la contemplation. Des écrits plus tardifs situent le nirvana, l'état de félicité absolue, pour une part dans l'ici-bas, et pour une autre dans l'au-delà. Dans le mahayanisme, l'entrée dans le nirvana suppose qu'on se soit débarrassé des idées fausses et des désirs impurs qui voilent la connaissance. Le nirvana est un état de bonheur où l'âme individuelle s'unit à l'âme universelle. Tout être possède en lui-même la faculté de devenir Bouddha et d'atteindre au prix de ses efforts le Parfait Éveil.

La voie du salut nous est donnée, mais personne ne viendra pour nous sauver. L'homme est renvoyé à lui-même. Il est responsable de son destin. Certaines écoles déchargent l'homme de ce lourd fardeau qui pèse sur ses épaules. Dans le bouddhisme du Grand Véhicule, les bodhisattvas, les êtres de l'Éveil, parmi lesquels se trouve le dalaï-lama, orientent le commun des mortels dans les méandres de son parcours. Les bodhisattvas font le serment d'alléger la souffrance de tous les êtres vivants par leur secours quotidien. Ils partagent avec eux les « mérites » de leur karma positif. Bouddha intervient à sa manière en se manifestant dans l'univers et en œuvrant pour le salut de tous les êtres.

Les « Trois Joyaux »

La méditation, la connaissance et l'étude des écrits bouddhiques sont incontournables si l'on veut parvenir sur la voie de la délivrance. Dans leur progression, les bouddhistes « prennent refuge » dans les « Trois Joyaux » *(tiratna)*, c'est-à-dire qu'ils s'appuient sur leur guide spirituel, Bouddha, sur l'enseignement de la doctrine (dharma) et sur l'ordre monastique *(sangha)*. Bouddha a précisé avec minutie les fondements de son enseignement. Il est celui qui bâtit sur les ruines, qui lève les voiles de l'obscurité, qui guide de ses lumières l'errant. « Je prends mon refuge dans le Bouddha ; je prends mon refuge dans la Loi ; je prends mon refuge dans la Communauté » : voilà les trois axiomes auxquels se réfèrent les bouddhistes. Ils figurent dans de nombreux textes sacrés qui servent de fondement à la doctrine.

Les différentes formes de méditation ou de développement de la spiritualité essentielles au bouddhisme visent à démasquer l'imposture du Moi. Chacun y puisera les éléments dont il a besoin en fonction de ses aptitudes personnelles. On distingue deux types de méditation, l'une dite analytique, et l'autre dite d'approfondissement. Par la méthode analytique, on se concentre sur soi-même et on analyse des phénomènes aussi simples que la respiration ou la marche. Elle vise à éclaircir les mécanismes inconscients qui sous-tendent nos agissements, l'objectif premier étant de gagner en lucidité afin d'agir en pleine connaissance de cause.

Une fois apaisé, l'esprit aspire à la connaissance plus profonde de la véritable nature des phénomènes. On concentre alors son esprit sur un unique objet jusqu'à se fondre parfaitement en lui. Le Moi, le sujet, ne doit plus faire qu'un avec l'objet de la méditation. La pratique de diverses techniques permet d'expérimenter des états de conscience très particuliers, de se livrer à une introspection attentive et de descendre très profondément en soi-même.

Une éthique pour les animaux

La doctrine bouddhiste requiert l'observance rigoureuse de préceptes moraux. La moralité découle de la justesse de la formation des idées. Le bouddhisme primitif avait imposé une discipline si stricte que rares étaient les candidats aptes à franchir la porte très étroite du salut. Avec le temps, la règle s'est assouplie et devenue moins élitiste. Le devoir de ne jamais nuire en pensée ou en action à qui que ce soit est la première consigne impérative de l'éthique bouddhique. Elle s'applique aussi aux animaux, car le bouddhisme ne fait pas de différence entre l'homme et l'animal, même quand ce dernier appartient à une espèce primaire. Arthur Schopenhauer, qui fut parmi les premiers en Europe à tenter de comprendre le bouddhisme, trouvait son éthique bien supérieure à celle des chrétiens, précisément parce qu'elle n'excluait pas les animaux.

L'action moralement juste suppose le respect de cinq règles fondamentales : 1 – S'abstenir de tout meurtre, même d'animaux. 2 – Ne rien prendre qui n'aurait été donné librement. 3 – Rester maître de ses sens. 4 – Dire la vérité. 5 – Ne pas prendre de boissons enivrantes.

Les moines ont deux cent cinquante-trois règles supplémentaires à observer.

La vie humaine est pour le bouddhiste une étape supérieure sur le chemin ascendant qui conduit à la délivrance, elle est à la fois une chance et un devoir dont on doit se révéler digne. La purification passe par la pratique de la bienveillance aimante *(maïtiri)* et de la miséricorde *(karuna)*.

Jamais de guerre sainte

L'observateur occidental est toujours surpris par l'esprit de tolérance qui anime les bouddhistes. Le mot « ostracisme » ne fait pas partie de leur vocabulaire. L'appartenance à une autre religion n'exclut pas la pratique du bouddhisme, car nombre d'exercices religieux ne relèvent pas de la doctrine pure et s'adaptent à d'autres formes de croyance. En revanche, l'idéal universel de la perfection morale fait figure d'impératif catégorique. Si l'enseignement de Bouddha s'adresse à tous, l'imposer serait une erreur. De là vient l'interdiction faite aux moines durant des siècles de rédiger, sauf demande expresse, des livres de catéchisme bouddhique.

Dans la religion chrétienne, le cinquième commandement du Décalogue, « Tu ne tueras pas », est un interdit absolu. Le bouddhisme va encore plus loin en exigeant de ne jamais attenter à la vie d'un être vivant, quel qu'il soit. L'*ahimsa*, la non-violence, s'applique aussi aux animaux. Cette grande idée éthique a marqué de son empreinte tous les adeptes du bouddhisme. Contrairement aux autres religions, le bouddhisme s'est propagé dans le monde sans qu'une seule goutte de sang soit versée. Au cours de sa longue histoire, il a connu des guerres sanglantes et des actes de violence mais n'a jamais sombré dans le fanatisme religieux. L'idée d'une guerre sainte ne peut même pas effleurer l'esprit des disciples de Bouddha.

Une religion de bon sens

On pourrait concevoir la doctrine bouddhiste comme une thérapie de l'âme, la comparer à une psychothérapie qui nous apprendrait à maîtriser nos pulsions, nos colères, nos jalousies et notre avidité. L'homme est prisonnier d'un ensemble complexe de phénomènes psychiques. Il doit cerner précisément ses qualités et ses défauts, prendre conscience de ce qu'il vit, analyser ses sensations et ses pensées le plus objectivement possible. La personnalité n'est pas conçue comme un tout indivisible. Le noyau de la conscience se décompose en cinq éléments, ou *skhandas* : le corps, les sensations, les perceptions, les pulsions et la conscience.

La dynamique psychique est un facteur de subjectivité qui fausse l'appréciation de l'identité. Les troubles psychologiques proviennent des illusions que l'homme se forge sur sa personnalité. Pour déjouer leurs effets pervers, il faut ajuster le regard que l'esprit porte sur lui-même.

L'idée d'une âme éternelle ou d'un Moi est pour les bouddhistes une aberration, une ignorance fondamentale dont il faut sortir. Le but de la pratique bouddhiste n'est pas la réalisation de soi, mais le détachement de soi, souligne Gonsar Rimpoché. On ne sait plus très bien où finit la thérapie et où commence la religion.

Quoi qu'il en soit, la cause de nos agissements n'est pas imputable à des circonstances extérieures : il faut la chercher en nous. Comme dans la psychanalyse, la psychologie bouddhiste part du principe que nos rapports avec le monde extérieur sont fortement conditionnés par des projections.

Religion ou philosophie ?

La question revient régulièrement : le bouddhisme ne serait-il pas plutôt un système philosophique qu'une religion ? Mieux vaudrait parler de la dualité de la doctrine bouddhiste. D'un côté, elle donne une interprétation du monde qui relève de la philosophie ; mais elle considère comme superflue toute investigation qui ne déboucherait pas sur la délivrance, elle ne veut pas répondre aux questions métaphysiques. De l'autre, le bouddhisme incarne un mode de vie qui prend pour support une doctrine religieuse ; c'est une culture qui s'exprime dans une morale rigoureuse.

Le bouddhisme n'oppose pas la philosophie à la religion, car elles se rejoignent dans la pensée et dans l'action. Il part toujours de l'expérience concrète ; c'est une religion pragmatique, une religion du bon sens. On a conservé de nombreux récits dans lesquels Bouddha invite ses disciples à passer sa doctrine au crible de la raison. Ses recommandations sur la manière d'agir ou de penser s'appuient sur une analyse rigoureuse de la réalité. D'après le dalaï-lama, Bouddha donnerait à la pensée la primauté sur la croyance. Le bouddhisme n'exige pas d'acte de foi comme la religion chrétienne.

Bouddha et les penseurs grecs

Certains rangent Bouddha Sakyamuni dans la catégorie des grands penseurs de l'humanité. Sa pensée présente beaucoup d'analogies avec la philosophie grecque. Parménide (né en 515 avant Jésus-Christ) tient le même discours que Bouddha lorsqu'il affirme : « Être et penser ne sont qu'une seule et même chose. » Lorsque Alcméon de Crotone (né en 520 avant Jésus-Christ), médecin grec, désigne l'écart entre les perceptions sensibles éphémères et la pensée comme l'endroit où se situe la vérité, nous songeons à Bouddha. Pour la première fois dans l'histoire de la pensée, la dialectique, la confrontation des idées apparaissent comme le moyen de parvenir à la connaissance. Ses premières prédications prennent la forme de réponses aux questions de ses disciples. On pense immédiatement à Socrate (né en 470 avant Jésus-Christ), qui, en dialoguant avec ses élèves, voulait les amener, quel que soit leur degré d'instruction, à se forger leur propre opinion. L'acquisition d'une pensée autonome représentait pour lui l'unique condition pour accéder à la connaissance de la vérité et de la vertu.

Selon Romano Guardini, théologien catholique, la doctrine de Bouddha Sakyamuni serait une des meilleures introductions à la pensée chrétienne : « La figure de Bouddha est énigmatique et difficile à cerner. Il manifeste une formidable liberté d'esprit conjuguée à une extraordinaire bonté que meut une farouche énergie. Il éclaire le message du Christ. Il se pourrait qu'il soit l'unique interlocuteur du christianisme à l'avenir. L'histoire de la pensée a été fortement et durablement influencée par son analyse approfondie de la réalité. »

Bouddha Sakyamuni pose des questions fondamentales. Pour quelles raisons les êtres sont-ils condamnés à vivre prisonniers du samsara, le cycle des réincarnations ? Pourquoi doivent-ils subir ces renaissances qui s'ajoutent les unes aux autres comme les anneaux d'une chaîne pesante ? Comment peuvent-ils envisager l'évasion ?

Le samsara obéit à un enchaînement rigoureux de causes et d'effets qui porte le nom de « Théorie des douze causes » : De l'ignorance (1) proviennent les forces « fabricatrices » (2) (processus karmique). De ces forces provient la conscience (3) qui prend nom et corps (4) (personne physique). Des noms et des corps proviennent le contact (5) avec le monde des phénomènes et les sens (6). De la sensation (7) provient la soif (8) (le désir). Cette soif provoque l'attachement à la vie (9). De l'attachement à la vie naît le devenir karmique (10) qui engendre une réincarnation nouvelle (11) avec la vieillesse et la mort (12).

Helmuth von Glasenapp, spécialisé dans l'étude comparée des religions, qualifie la théorie du cycle des renaissances de morceau d'anthologie de la philosophie primitive : « Tout ce qui existe est classé sous forme d'énumération, sans distinction aucune entre les causes matérielles et celles d'une autre nature. On retrouvera beaucoup plus tard dans l'histoire de la pensée un système analogue d'explication globale du monde : l'holisme. »

Bouddha Sakyamuni en arrive à la conclusion que ni l'homme ni le monde n'ont d'existence réelle : la vie se compose d'un agrégat de phénomènes qui se conditionnent mutuellement. Il désigne les plus petites particules qui se combinent pour former un être vivant par le mot dharma : les dharmas sont les composants fondamentaux de l'individu, ils ne possèdent pas d'existence propre. Cela conduit Bouddha à effectuer une classification en quatre catégories qui paraît de nos jours surprenante : 1 – les êtres vivants, regroupant les animaux, les hommes, les esprits, les dieux ; 2 – les éléments : l'eau, le feu, l'air et la terre ; 3 – les perceptions : les sons, les sens, les sensations, la conscience, l'impermanence ; 4 – les sentiments : la haine, l'avidité, la gloire et la beauté...

La réalité de l'instant

Les dharmas n'ont qu'une durée de vie très courte avant de retourner au néant. Elles sont la manifestation d'une loi cosmique universelle qui gouverne tous les phénomènes et porte aussi le nom de dharma. L'univers entier est soumis à cette loi, qui préside aussi aux renaissances karmiques. Elle est la réalité absolue. Bouddha n'explique pas comment il en est arrivé à concevoir le karma. Il n'accorde aucun intérêt aux spéculations métaphysiques qui ne relèvent pas de la connaissance. Il ne croit pas en un Dieu de la création. L'univers existe depuis l'origine des temps. Il est un continuum de phénomènes à caractère fugace. Tout n'est que flux et métamorphose, naissance et mort. La vie est éphémère, transitoire et insubstantielle – elle est *anatman* (« qui n'a pas de Soi »).

Cette vision des phénomènes est déterminante dans la manière de concevoir le temps. Seul l'instant compte. Le temps ne s'écoule pas, comme nous le concevons, de façon linéaire (passé, présent, futur), il n'est qu'une suite d'instants uniques qui s'égrènent comme les secondes que marque la trotteuse d'une montre. Il est aussi comparable à la succession rapide d'images dans un kaléidoscope. Dans les exercices de méditation zen, on se concentre tout particulièrement sur l'instant présent de l'être au monde. La quintessence philosophique du bouddhisme peut se résumer dans la formule : « Toute vie provient de la dynamique de phénomènes uniques. »

Le karma

Dans cette vision du monde, ni l'âme ni le Moi n'existent. L'âme est conçue comme une somme de facteurs mentaux qui s'incarnent dans une enveloppe physique et se composent pour former un individu. Ces facteurs obéissent à la loi du karma, qui les fait naître et survivre à la mort du corps. La force karmique est comparée à la minuscule graine de pippal qui donne un arbre robuste. Toute cause produit un effet *(phala)*. Puis l'effet devient cause à son tour. Si le karma est négatif, il influencera négativement la vie présente. Notre conception de la malédiction qui pèse sur nos mauvaises actions n'est pas éloignée de cette théorie. Les proverbes « Bien mal acquis ne profite jamais » ou encore « Chacun est l'artisan de son bonheur » expriment la même idée.

L'influence du karma se manifeste sur plusieurs existences. Même à l'état latent, l'intention qui préside à une action est déterminante. L'esprit humain se forge son propre karma : l'action bienveillante est source de joie et de bonheur, tandis que l'action malveillante engendre la tristesse et la souffrance. Nous conservons l'actif de nos bonnes et de nos mauvaises actions, qui est à l'origine des différences avec lesquelles nous naissons dans le monde.

Au moment de la réincarnation, le nouveau-né hérite du patrimoine karmique du défunt. Les deux êtres, l'un au seuil de la mort et l'autre au seuil de la vie, sont animés par la même soif de vivre et liés par les forces karmiques. Au lieu de se détacher de la vie, le mourant recherche une matrice susceptible de l'accueillir pour renaître.

Le karma est une force potentielle qui détermine les conditions et les circonstances de la réincarnation. C'est une sorte de justice distributive qui, en fonction des mérites, décide de quoi sera faite l'existence future. Présentera-t-elle les avantages de la vie humaine ou divine, ou les désavantages d'une réincarnation dans un monde subalterne ?

La « Double Vérité »

L'enseignement de Bouddha Gautama est étayé par la philosophie de la Voie du Milieu *(Madhyamika)*, qui occupe une place centrale dans le mahayanisme. L'école du Milieu fut fondée par le philosophe Nagarjuna, qui vécut à la fin du IIe siècle avant notre ère. Nagarjuna propose de rejeter les positions extrêmes et d'éviter de s'enferrer dans des contradictions apparemment inconciliables. Il veut, pas à pas, lever les voiles de l'ignorance par la démonstration logique et la réfutation systématique, afin de progresser sur le sentier de la délivrance. La dialectique devient le mode essentiel du cheminement.

Nagarjuna part du principe que tout phénomène n'existe qu'en fonction de son contraire. Les phénomènes sont conditionnés, vides d'existence propre et non substantiels. Dans sa doctrine de la « Double Vérité », Nagarjuna établit une distinction entre une vérité inférieure et une vérité supérieure : une assertion irréfléchie et présentée comme vraie peut se révéler fausse par la suite ; après mûre réflexion, elle se révélera comme une vérité partielle ou totalement erronée. Si A = vérité inférieure et B = vérité supérieure, une réflexion plus approfondie fera de la réunion de AB soit une vérité inférieure = C, soit une vérité supérieure = D. C'est en opposant les vérités que s'acquiert une perception toujours plus juste de la vérité. Ainsi la physique moderne comparée à celle de Newton semble présenter une vision plus juste du monde ; en termes bouddhiques, elle est une vérité supérieure.

Mais la vérité supérieure s'affranchit du dualisme, car elle est au-delà de toutes les contradictions préalablement levées. Elle est par-delà l'affirmation ou la négation, par-delà toute verbalisation, elle est vacuité. La vacuité *(shunyata)* est un concept ambigu qui englobe la non-substantialité du Moi et, par là même, le détachement du Moi. Dès que l'on a vraiment pris conscience de la vacuité, on est totalement libéré de l'existence.

Lorsque l'esprit s'est élevé au-dessus de la contingence des phénomènes, il échappe au dilemme que posent l'affirmation et la négation. Bien que les phénomènes soient vides d'existence intrinsèque, Nagarjuna parvient à impliquer complètement l'être dans le processus qui les anime. L'homme fait l'expérience de la vacuité et accepte dans le même temps le monde comme une réalité. Il se soumet aux règles de la morale pour accéder lui-même à la délivrance et mener les autres par la compassion sur le chemin de la délivrance. Le dalaï-lama formule simplement cet axiome de la pensée mahayaniste : « En vérité, les choses n'existent pas, mais puisque nous sommes venus dans cette existence, nous devons en tirer le meilleur parti. »

Le prince Gautama

Le bouddhisme s'apparente au christianisme et à la religion musulmane en ceci qu'il a lui aussi un fondateur historique : Gautama Siddharta. Le père du Bouddha historique est le roi Shuddhodana, et sa mère, la reine Maya, du clan des Sakyas. Né aux alentours des années 566-563 avant Jésus-Christ, Gautama reçut à sa naissance le nom de Siddharta (« Celui qui a atteint son but »). Sa mère, Maya, meurt peu après sa naissance ; c'est sa sœur, Mahaprajapati, qui l'élèvera. La légende raconte que Gautama aurait mené la vie luxueuse d'un prince de sang royal. Les indianistes précisent que le jeune Bouddha aurait très tôt fait preuve d'une grande curiosité et d'un grand sens des responsabilités. Il pressent très vite le caractère éphémère des choses, sur lequel il fondera plus tard l'ensemble de sa doctrine.

La vie de Bouddha est jalonnée d'événements que la légende présente sous une forme allégorique. Siddharta effectue quatre sorties successives au cours desquelles il rencontre plusieurs personnages : un vieillard tremblant et affaibli, un malade grelottant de fièvre, un cadavre en état de putréfaction et, enfin, un ascète. Il est frappé par le visage de l'ascète, empreint d'une sérénité profonde qu'il attribue à son détachement des plaisirs terrestres. À seize ans, Gautama épouse Yashodara, qui lui donne un fils, Rahula. Peu après cette naissance, il quitte sa famille pour mener une vie d'errant. Après avoir suivi les enseignements des ascètes brahmanes, il se retire dans la plus grande solitude en pratiquant un jeûne excessif et des exercices respiratoires dangereux par lesquels il cherche à s'affranchir de la souffrance inhérente à la vie.

Au bout de six années de privations, il réalise que ses efforts sont vains et met fin à cette vie pour se tourner vers la méditation. C'est à cette époque que Gautama s'installe dans les environs du village actuel de Bodh-Gaya, dans la région du Bihar, en Inde. Après plusieurs semaines de méditation, assis sous un figuier, l'arbre de Bodhi, sur les rives de la Nairanjana, il connaît l'Éveil. Il est alors âgé de trente-cinq ans. Il lui a d'abord fallu se détacher de toutes les illusions trompeuses du monde avant que lui soit révélée la Voie du Milieu.

Selon la légende, Gautama se serait souvenu de ses vies antérieures et en aurait conçu la théorie de la réincarnation. Il rassemble ces révélations dans le canon des Quatre Nobles Vérités, qui décrit la marche à suivre pour s'affranchir des tourments de l'existence, causés par l'avidité des sens, la douleur du devenir et l'ignorance : il faut trouver la délivrance en soi-même. L'homme échappe à la fatalité de la renaissance en progressant sur la voie du détachement. Il effectue un long voyage qui le conduit au nirvana.

Dharma-Chakra, la Roue de la Loi

Bouddha préfère d'abord garder pour lui cette révélation, qu'il divulgue un peu plus tard à cinq de ses disciples. Ces derniers le pressent de transmettre son enseignement. Siddharta Gautama se décide enfin à aller de lieu en lieu porter son message. La cohorte des ses adeptes, moines, religieuses et laïcs, ne cesse alors de s'accroître. On prête à Bouddha ces mots qui illustrent la doctrine : « De même que la grande mer, ô moines, n'est pénétrée que d'une seule saveur, la saveur du sel, de même aussi, ô moines, cette doctrine et cette communauté ne sont pénétrées que d'une seule saveur, celle de la délivrance. »

L'être de l'Éveil serait mort à quatre-vingts ans d'une intoxication alimentaire, dans les bras de son disciple préféré, ayant atteint le Parfait Éveil (*paranirvana*).

Dans son sermon de Bénarès (528 avant Jésus-Christ), Bouddha expose les fondements de son enseignement, il met en marche la Roue de la Loi. Tant que la roue tournera, la doctrine de Bouddha propagera ses bienfaits. Viendrait-elle à s'arrêter progressivement, un nouveau Bouddha apparaîtrait. (Maitreya reprit l'œuvre de Bouddha vers 270 avant notre ère.)

Bouddha Sakyamuni résume l'essentiel de sa doctrine dans les Quatre Nobles Vérités. Il y indique les étapes sur la voie du salut en s'appuyant sur le *samkhya* (nombre), forme d'énumération de tous les éléments qui composent une notion donnée, traditionnelle en Inde primitive :

1. la reconnaissance de la souffrance : toute vie est douleur ;
2. l'origine de la douleur : la cause de toute souffrance réside dans le désir ;
3. la suppression de la douleur : l'anéantissement du désir entraîne la rupture de la chaîne des renaissances ;
4. les moyens pour y parvenir : l'affranchissement de la douleur se fera sur le « Noble Sentier octuple », à savoir celui de la croyance juste, de la pensée juste, de la parole juste, de l'action juste, des moyens d'existence justes, de l'effort juste, de l'attention juste et de la concentration juste.

Une religion universelle

Bien qu'à l'origine cette religion ait eu un caractère aristocratique et que la pratique rigoureuse de l'ascèse n'en ait pas facilité l'accès, le message de Bouddha s'adresse aujourd'hui à tous sans exception.

C'est sous le règne du roi indien Açoka (246 avant Jésus-Christ) que la doctrine se propagea à partir du continent indien dans le monde entier.

Comme pour la vie de Jésus, on n'a conservé aucun témoignage écrit des contemporains de Gautama. Des textes plus tardifs fixeront la transmission orale de ses enseignements, dont la véracité est sujette à caution. À partir de là, on assiste à l'émergence de nombreuses et profondes controverses qui conduiront à des divisions, à des schismes et à l'émergence de sectes.

Dès le Ier siècle avant Jésus-Christ, se constitue le Grand Véhicule (Mahayana), qui s'oppose à la branche la plus ancienne du Petit Véhicule (Hinayana). *Yana* signifie véhicule ou encore doctrine. Grâce au *yana*, le bouddhiste traverse le fleuve des réincarnations et accède à la rive du nirvana. Les mahayanistes considéraient le véhicule de la doctrine primitive comme trop étroit, car il s'intéressait exclusivement à l'*arhat* (le saint) et à ses aspirations personnelles. Dans le Grand Véhicule, tout le monde a sa place. Chaque être vivant peut parvenir au salut. L'idéal de l'*arhat* est remplacé par la conception du bodhisattva. Quant au Vajrayana, le « Véhicule du Diamant », il est une émanation plus tardive, aux alentours du Ier siècle de notre ère, issue de la rencontre avec le tantrisme hindouiste. Le Grand Véhicule et le Véhicule du Diamant se propagent simultanément au Tibet.

L'évolution du bouddhisme

Destiné primitivement à l'élite, le bouddhisme évolue avec la naissance du mahayanisme vers une religion populaire. Il s'adapte aux besoins du plus grand nombre des fidèles : la prière, les rites ou la croyance au surnaturel sont réintroduits dans la pratique religieuse. La simple bure de l'ascète est reléguée au profit de somptueux habits aux couleurs chatoyantes. Le bouddhisme intègre aussi de nombreuses coutumes et traditions des pays qui l'accueillent. Le fondement de la doctrine bouddhique, le dharma, demeure néanmoins intact.

Une évolution en profondeur s'opère : le bouddhisme se transforme en Église, la place accordée à la vie monastique recule et les laïcs peuvent désormais prétendre atteindre le nirvana. Les fidèles vénèrent maintenant Bouddha comme un dieu et l'implorent pour obtenir son intercession. Le ciel se peuple d'innombrables bouddhas, chacun figurant un aspect différent du père de la doctrine. Mais celui que l'on rencontre le plus fréquemment représenté est le bouddha aux trois corps *(tirkakya)* qui symbolisent les trois fondements de la Loi. Les fidèles font exactement ce que Gautama avait expressément refusé de son vivant.

Au même moment surgit l'idée de la « Terre pure » (pays où habite Bouddha, opposé au *saha*, le monde actuel souillé par la souffrance et les désirs). La foi populaire s'invente des paradis inaccessibles sans l'intercession de Bouddha et des divinités qui protègent l'homme des démons menaçants. Le peuple dévot s'adresse à elles pour obtenir leur secours, comme dans la religion catholique il en appelle aux saints.

L'extension du bouddhisme au Tibet

Le bouddhisme a été introduit au Tibet au VIIe siècle. Il prend alors l'allure d'un syncrétisme religieux qui intègre beaucoup d'éléments chamaniques (prédictions, exorcismes et invocations d'esprits) empruntés à la religion prébouddhiste, le *boen*. Le Tibet tire vraisemblablement son nom du *boen* ; les Tibétains ont appelé leur pays *Böd* et eux-mêmes des *Bödpa*.

La tradition attribue la propagation du bouddhisme dans le pays des Neiges au roi Trisong Detsen (755-797) et à ses deux épouses, l'une chinoise et l'autre népalaise. Les deux princesses sont représentées dans la mythologie bouddhique par deux divinités, la verte Tara et la blanche Tara. Le bouddhisme devient religion officielle et provoque ainsi un recul de la religion primitive.

D'après les sources historiques, c'est le maître du tantrisme, Padmasambhava, qui importa d'Inde l'enseignement de Bouddha et fonda le bouddhisme tibétain. Au lieu de combattre les anciennes divinités, il les intégra à la tradition bouddhique. Selon la légende, il aurait jugulé les forces démoniaques qui s'opposaient au dharma bouddhiste et les aurait métamorphosées en puissances protectrices. Aux environs de 755, il fonde le premier monastère à Samye.

Au Moyen Âge, le bouddhisme connaît alternativement grandeur et décadence. Il faudra attendre le XIe siècle pour assister à un nouvel essor, qui s'accompagnera de la création de quatre grandes écoles. La plus ancienne, celle des Nyingmapa, dérive de l'enseignement de Padmasambhava. L'Indien Atiça, adepte du mahayanisme, tente d'imposer l'institution monastique. De cette réforme naîtra l'école des Kadampa. D'autres encore, comme celles des Kagyupa et des Sakayapa, verront plus tard le jour.

Le Grand Cinquième

Après une nouvelle période de décadence, le maître Tsong-ka-pa entreprend une nouvelle réforme. Il fait construire les grands couvents de Gaden, de Drepung, de Sera et de Tashilumpo. Le bouddhisme tibétain se propage dans les régions voisines jusqu'en Mongolie et en Sibérie. Tsong-ka-pa fonde l'ordre des Gelong-Pa, l'« Église jaune ».

Au XVIe siècle, Sonam Gyatso, le IIIe dalaï-lama, donne à l'ordre des Gelong-Pa une nouvelle impulsion. Après avoir converti le chef mongol Altan Khan au bouddhisme, il reçoit de ses mains en 1578 le titre de dalaï-lama, qui signifie « Celui dont la sagesse est aussi grande que l'Océan ». Pour fortifier la tradition naissante, il accorde à titre posthume à ses deux prédécesseurs la dignité de dalaï-lamas. La domination de l'ordre des Gelong-Pa sur tout le Tibet commence avec le « Grand Cinquième ». Il fait du panchen-lama le deuxième dignitaire dans la hiérarchie ecclésiastique et entreprend la construction du Potala, à Lhassa, qui deviendra la résidence des dalaï-lamas.

À la fin du XVIIe siècle, l'implantation du bouddhisme dans sa spécificité tibétaine s'est consolidée dans tout l'Himalaya. Son influence dépasse bientôt les frontières du Tibet, s'étend jusqu'en Mongolie où il est encore vivace de nos jours. Il se propage en Chine dans la province du Yunnan, pénètre le Népal, le Bhoutan et les régions indiennes du Ladakh, du Lahual, du Spiti, du Sikkim, de l'Arunachal et du Pradesh.

De l'influence du sangha sur la société

L'influence de l'Église n'a cessé de grandir au fil du temps. Elle construit des monastères, des temples et des universités. La société civile porte les marques du monachisme tibétain. La quasi-totalité des terres appartenait soit à la noblesse, soit aux ordres religieux, qui détenaient aussi le pouvoir politique. Aux postes les plus importants de l'État se trouvent deux représentants, l'un issu de la noblesse et l'autre du clergé. Dans sa biographie, le dalaï-lama évoque l'organisation politique de son pays en ces termes : « Je me trouvais à la tête d'un système politique curieux, vieilli, inadapté et miné par la corruption après tant d'années de régence. Il n'était pas rare que les charges de hauts fonctionnaires de l'État soient achetées. »

Au début du XXe siècle, le Tibet comptait encore cinq cent mille moines et religieuses sur une population de cinq millions d'habitants. La vie monastique, les cérémonies rituelles et les réunions de prière étaient soumises à une organisation hiérarchique complexe. Les monastères étaient répartis en fonction de divisions et de sous-divisions. Certains se consacraient aux études, d'autres au développement spirituel et à la méditation.

Ces monastères vivaient exclusivement des dons des laïcs : argent, céréales et beurre. En contrepartie, ils veillaient à la vie religieuse des Tibétains. Dans le mahayanisme, la règle du *dana* précise que les offrandes matérielles ou spirituelles comptent parmi les vertus conduisant au salut : le généreux donateur remercie le destinataire, qui l'aide à accomplir une bonne action en acceptant ses dons.

Le lamaïsme

Le bouddhisme tibétain est souvent encore de nos jours assimilé au lamaïsme dans les dictionnaires en raison du rôle prépondérant qu'y jouent les lamas. Le dalaï-lama insiste sur le caractère inexact de cette définition. Le mot tibétain *lama* a la même signification que le mot « gourou », couramment employé en Occident et emprunté au sanscrit. Un gourou est un chef spirituel qui indique la voie de la délivrance. On vénère particulièrement les lamas, car ils sont l'incarnation de l'enseignement bouddhique. La formation des lamas prend plusieurs années. Le novice ne sera ordonné lama qu'après une période de retraite de trois ans, au terme de laquelle il est autorisé à transmettre l'enseignement. Certains maîtres reçoivent pour leurs mérites le titre honorifique de Rimpoché.

Le *Livre des morts tibétain*, rédigé au XIVe siècle, est connu depuis quelques décennies en Occident. En tibétain, il s'intitule *Bardo Thödröl*, ce qui signifie « Délivrance par l'écoute dans un état intermédiaire ». Le fidèle doit l'étudier de son vivant pour faire connaissance avec Bouddha, les divinités et les démons qu'il rencontrera une fois décédé. Une fois la mort advenue, les moines expliquent à l'esprit du défunt ce à quoi il doit s'attendre après ses quarante-neuf jours d'errance dans le *bardo* (l'état intermédiaire) : des flux de lumière et des apparitions l'inviteront à renaître. Il doit s'en méfier. S'il a accumulé un karma suffisamment positif, il pourra quitter cet état intermédiaire pour atteindre le nirvana.

Les tulkus et autres êtres de l'Éveil

Les grands lamas sont censés se réincarner après leur mort. En qualité de bodhisattvas, ils ont fait vœu de ne pas séjourner au nirvana et de continuer à œuvrer au bien-être de tous les vivants. Avant que la réincarnation soit authentifiée par un haut dignitaire de l'Église, le lama devra subir un examen très strict : chacune de ses paroles est analysée, sa conduite morale jugée, son thème astral étudié et les oracles interrogés. Certains lamas sont capables de donner des détails précis de leur vie antérieure. Avant 1959, il y aurait eu au Tibet quelque dix mille lamas réincarnés ; depuis l'exil, on en a dénombré quatre cents dans le monde. Selon Gonsar Rimpoché, les monastères bouddhistes indiens abriteraient beaucoup de futurs Rimpoché, qui sont les réincarnations de lamas décédés dans les années soixante, sous la domination chinoise.

C'est le cas de Tenzin Rabgyä, âgé aujourd'hui de sept ans, découvert récemment à Dharamsala par Gonsar Rimpoché, l'abbé de Rikon. Il a été authentifié comme la réincarnation du geshe Rapten, décédé en 1985, ancien maître spirituel de l'actuel dalaï-lama. Il grandit aujourd'hui au pied du mont Pèlerin, en Suisse, retiré du monde, dans l'unique monastère tibétain d'Europe. Les moines tibétains y étudient la philosophie bouddhique et le tibétain. Les visiteurs qui s'y rendent sont subitement dépaysés, ils ont l'impression d'être transportés au Tibet.

Beaucoup de lamas sont appelés *tulkus* (corps de la métamorphose). Les différentes lignées de *tulkus* permettaient autrefois d'assurer la succession politique et spirituelle dans les institutions monastiques.

Aussi pur que le diamant

Le bouddhisme tibétain doit son originalité à l'intégration harmonieuse des règles religieuses héritées de l'Inde primitive dans les différents cultes du Véhicule du Diamant, le vajrayana. La référence au diamant est là pour rappeler aux disciples que leur cœur doit être aussi pur que cette pierre précieuse. Ce véhicule ressort au Grand Véhicule et intègre beaucoup d'éléments du tantrisme indien. Le tantrisme s'appuie sur les tantras, textes ésotériques qui étudient l'astrologie, la médecine et la religion. Ils datent du temps de Bouddha Sakyamuni. On ne s'aventure pas dans les tantras sans y avoir été initié par un maître spirituel. Lorsque le lama considère que le postulant est apte, il le prend pour disciple et l'intronise officiellement au cours d'une cérémonie initiatique *(abhisheka)*. Vient ensuite l'étude proprement dite des textes, qui ne sont pas envisagés sous un angle théorique mais à partir de l'expérience individuelle. Pour l'essentiel, ils décrivent les différentes étapes de la progression spirituelle. Ils affirment l'impossibilité d'accéder à la vérité au moyen de la seule intelligence et proposent des pratiques faisant appel à l'esprit, au langage et au corps. L'hindouisme utilise les mêmes méthodes, tout en privilégiant la fusion avec les énergies cosmiques.

Les mantras

Le bouddhiste tibétain croit aux miracles et aux démons, et il apprécie les belles cérémonies. Sa pratique religieuse se manifeste par toutes sortes de gestes rituels qui proviennent du tantrisme hindouiste : les fidèles déambulent autour de colonnes de prières *(stulpas)*, font tourner des moulins à prières, récitent des formules sacrées (mantras), utilisent des objets pour favoriser la méditation (mandalas) et effectuent des gestes corporels symboliques (mudras). Le mantra tibétain le plus connu se compose de six syllabes : *« Om mani padme hum »*. Intraduisible, il est l'expression de la miséricorde et du désir de délivrance. Il rappelle une prière traditionnelle de l'Église d'Orient par laquelle le croyant recherche la communion de l'âme avec Dieu en répétant inlassablement la même formule : « Souviens-toi de moi, Seigneur. »

Des esprits affamés et des palais volants

D'après la mythologie bouddhiste, le centre de l'univers est occupé par le mont Sumeru, entouré d'océans et de continents, dominé par un ciel peuplé d'une multitude de dieux dans leurs palais volants. Ses entrailles abritent les enfers chauds et froids ainsi que le royaume des *pretas* (esprits affamés).

Les *pretas*, représentés avec des ventres énormes et des bouches aussi petites que le chas d'unc aiguille, sont des êtres tourmentés par un désir insatiable. Celui qui aura été toute sa vie avare, jaloux et envieux court le risque de se réincarner dans un *preta*.

Le monde naît, meurt pour renaître et ainsi de suite. Son crépuscule ne dure pas plus que son aube. La durée de vie d'un être peut aller de dix à quatre-vingt mille ans.

La Roue de la Vie

Les *thangkas* (peintures sur toile) représentent le plus souvent de façon allégorique la migration des âmes, symbolisée par la Roue de la Vie. On y retrouve, d'après l'écrivain Walt Andersen, toute la psychologie bouddhique. Yama, le juge des morts et le maître des enfers, y figure tenant entre ses griffes une roue divisée en six parties qui correspondent chacune à une étape de la progression spirituelle : tout en haut se situe le domaine des dieux, puis un peu plus bas celui des demi-dieux, des titans, des hommes, des animaux, des esprits affamés et des êtres de l'enfer.

Les dieux du soleil, Suras et Devas, vivent dans un magnifique palais abritant la couronne de « l'arbre-qui-exauce-tous-les-désirs ». Bouddha est représenté un luth à la main, rappel de la fugacité des choses.

En dessous se situe le monde des titans *(asuras)*. Ils se battent continuellement pour s'emparer des fruits de l'arbre. Bouddha y figure armé d'une épée, symbole de la sagesse. Il exhorte les titans à renoncer au pouvoir et à l'argent.

Le monde des hommes, caractérisé par la vieillesse, la maladie et la mort, jouxte le royaume céleste. Bouddha apparaît avec une aumônière et un bâton de pèlerin, symboles de la condition de mortel.

Les trois domaines inférieurs sont réservés aux animaux, aux esprits affamés et aux puissances de l'enfer. Les animaux ne jouissent pas de la liberté que la pensée confère à l'homme. Bouddha apparaît avec un livre à la main, symbolisant la puissance libératrice de la connaissance. Les esprits affamés doivent apprendre la générosité. Bouddha leur donne l'exemple en tendant une cruche remplie d'*armita*, la boisson des dieux. Quant aux puissances de l'enfer, elles sont accablées par de terribles maux ; leur représentation n'est pas sans rappeler la vision de l'Enfer chez Dante. Les enfers chauds et froids symbolisent les différentes expressions de la haine. Bouddha tient un flambeau qui a le pouvoir de métamorphoser les forces destructrices en porteurs de salut.

La Roue de la Vie n'est qu'un exemple parmi tant d'autres de l'originalité et de la richesse du bouddhisme tibétain, que l'on retrouve dans son vaste patrimoine littéraire : le canon tibétain compte plus de 300 ouvrages regroupant toutes les œuvres bouddhiques traduites du sanscrit ; le *kanjur* réunit tous les enseignements de Bouddha Sakyamuni, 1 055 textes rassemblés en 92 volumes ; le *tanjur*, quant à lui, se compose de 3 626 textes, recueils de poèmes, traités, commentaires et hymnes regroupés en 224 volumes.

Le soleil de la liberté

Le bouddhisme n'était pas à l'abri de multiples scissions. Mais, par chance, les querelles se sont épuisées en controverses sur les interprétations de la doctrine sans entraîner pour autant de schismes durables. Nombre de lamas ont opté pour une école ou une autre. Contrairement à la religion chrétienne, dans laquelle les différences doctrinales ont conduit à d'irrémédiables fractures, les confessions bouddhistes cohabitent dans la tolérance. Le XIXe siècle a vu la naissance du courant Rime qui, pour prévenir l'éclatement éventuel en sectes, accorde à chaque école son autonomie.

Après trois décennies de domination chinoise, après la destruction de plus de six mille monastères, le Tibet reste le pays le plus religieux dans le monde. Le dalaï-lama est toujours vénéré comme l'incarnation de la doctrine. Le XIIIe dalaï-lama (1876-1933) avait doté le Tibet d'un drapeau national illustrant les multiples facettes que prend la doctrine de Bouddha dans la vie de ce peuple. Il fut interdit par les autorités chinoises.

Sur ce drapeau figurent les sommets enneigés du Tibet, éclairés au centre par un soleil qui représente l'espérance en la liberté, le bonheur et le bien-être. Ses douze rayons rouges et bleus symbolisent les douze tribus issues des six familles de la mythologie bouddhique. Le rouge et le bleu sont les couleurs des divinités protectrices du Tibet. Au premier plan, deux lions mythiques figurent la puissance spirituelle et temporelle. Ils tiennent entre leurs griffes trois joyaux flamboyants *(triratna)*, symboles de Bouddha, du dharma et de la *sangha*. Plus bas, un autre joyau exhorte les Tibétains à respecter les préceptes éthiques, et le cadre doré renvoie à la pérennité de la doctrine bouddhique.

Jours de peur, nuits de deuil

Le XIIIe dalaï-lama rédigea en 1932 son testament spirituel, qui se révélera comme une prophétie des événements qui devaient accabler ultérieurement son pays :

« Il est fort possible que des dangers venus tant de l'extérieur que de l'intérieur compromettent les pouvoirs religieux et temporel. Si nous ne pouvons garantir la sécurité de notre pays, les dépositaires de la foi, le dalaï-lama, le panchen-lama, le père, le fils et les glorieuses réincarnations seront humiliés et voués à l'oubli. Les terres et les biens des monastères et des moines seront détruits. Tous les êtres seront en grand danger et sombreront dans une effroyable peur ; les jours et les nuits s'écouleront dans le tourment. »

Les misères et les souffrances qui se sont abattues sur ce peuple depuis quarante ans font frémir. En 1950, les Chinois envahissent le Tibet. En 1959, le dalaï-lama fuit en exil. Entre 1950 et 1980, un sixième de la population tibétaine, soit un million de Tibétains, meurt à la suite de l'invasion chinoise ; 175 000 hommes périssent en prison, 156 000 sont exécutés, 413 000 meurent de faim pendant les réformes agraires, 92 000 sont torturés jusqu'à ce que mort s'ensuive ; 10 000 sont acculés au suicide (chiffres donnés par Olivier Moulin dans son livre *Tibet, l'envers du décor*).

Avec la destruction de plus de six mille monastères, les Tibétains perdent leurs lieux de prière. La réforme agraire et la politique économique désastreuse mises en place par la Chine ont causé pour la première fois dans l'histoire du Tibet de terribles famines. Les greniers de céréales ont été pillés, la faune et la flore dévastées, et l'environnement est menacé car le Tibet sert désormais de poubelle aux déchets nucléaires chinois. Cette zone de paix est maintenant le lieu de stationnement de fusées à tête nucléaire. La politique d'implantation de populations chinoises menée par Pékin a transformé le paysage ethnique : aujourd'hui, les Tibétains sont minoritaires dans leur pays (7,5 millions de Chinois, contre 6 millions de Tibétains). Bien que le Tibet ait une superficie de deux millions et demi de kilomètres carrés (à peu près celle de l'Europe), il semble qu'il ne soit pas pris en compte, malgré le combat incessant du dalaï-lama pour attirer l'attention de la communauté internationale sur le sort de son peuple.

La réincarnation : l'instrument de la justice

Les auteurs occidentaux qualifient volontiers le Tibet de société féodale et théocratique. Pourtant, ces deux adjectifs sont impropres à définir l'organisation sociale tibétaine, inspirée du bouddhisme. La doctrine de la réincarnation échappe totalement à la pensée occidentale. En jouant le rôle d'une justice redistributive, elle s'impose par-delà les structures hiérarchiques. Dans notre jargon occidental, on dirait qu'elle est un facteur d'équité. Ce n'est pas un hasard si l'on est *tulku* ou aristocrate. Notre position dans la société dépend des actions justes accomplies dans notre vie antérieure.

Il faut bien entendu nuancer cette vision idyllique : là-bas aussi, il y a des injustices, des abus et de la corruption. L'aspiration à la délivrance est même devenue un puissant moteur de l'activité économique dans le monde bouddhique, comme le remarque le sociologue américain Melford E. Spiro en s'appuyant sur les écrits de Max Weber. Il ajoute que les monastères se sont considérablement enrichis (en disant cela, il songe à la Birmanie), mais que les prestations sociales n'ont pas augmenté et que le système éducatif n'a pas évolué.

Les intellectuels occidentaux commencent seulement à découvrir le bouddhisme. Il leur apparaît maintenant que la doctrine de Bouddha ne vise pas à transformer l'État ou la société, mais à affranchir l'homme de la douleur de l'existence et à établir la paix dans le monde.

De son côté, la pensée bouddhique a aussi subi l'influence du monde extérieur. Prenons l'exemple du Tibet : ce pays tente depuis 1948 de concilier son idéal de justice avec une organisation de la société s'inspirant de celles mises en place dans les pays communistes.

Par ailleurs, la politique telle qu'elle est pratiquée par les Tibétains est tout à fait déconcertante pour nous : ils interrogent les oracles avant de prendre une décision importante. En 1987, ils ont fait appel à l'oracle Nechung et invoqué d'autres divinités, parmi lesquelles se trouvait Dorje Shudgen. Bien qu'à l'origine le dalaï-lama ait été lui-même formé dans la tradition de cette école et que son propre maître ait initié nombre de lamas dans le culte de Shudgen, la vénération de cette divinité est interdite depuis plusieurs années au Tibet. La consultation de Shudgen est à l'origine d'un conflit entre ses partisans et ceux de Nechung.

Les observateurs tibétains affirment que Nechung aurait lui-même attisé la polémique et fait porter à Shudgen la responsabilité des maux qui accablent le Tibet. Le conflit a mal tourné : les disciples de Shudgen ont subi des agressions, leurs maisons ont été fouillées et les autels de la divinité saccagés. Le gouvernement tibétain en exil a exigé que les monastères et les fidèles de la tradition de Shudgen renoncent par écrit à ce culte. Pour avoir refusé de se plier à cette injonction, certains moines ont été accusés de trahison. En février 1997, le lama Lobsang, ami du dalaï-lama et adversaire déclaré de la secte de Shudgen, a été assassiné. Il semble que des agents chinois aient délibérément semé la discorde parmi les fidèles du dalaï-lama.

Gonsar Rimpoché, l'abbé du monastère tibétain de Rikon, commente les événements avec une grande lucidité : « Nous vivons actuellement une des périodes les plus délicates de notre histoire. Tous les Tibétains auront à en pâtir. Il nous faut cependant bien admettre que ni le Tibet ni les Tibétains ne sont infaillibles. La perfection n'est pas de ce monde. Vanté par le passé pour sa conduite irréprochable, le Tibet ne fait plus exception aujourd'hui : il compte lui aussi ses fonctionnaires corrompus et ses religieux cyniques. Il s'y commet même des attentats. Et parmi les lamas qu'on voit en Occident, il y a quelques charlatans et gourous mêlés à des affaires louches. »

Une société de justice

La doctrine marxiste et la doctrine bouddhiste ont des points communs : ni l'une ni l'autre n'admettent l'existence d'un Dieu créateur tout-puissant ; toutes deux prétendent fournir une analyse rationnelle de la réalité.

Le marxisme veut abolir la propriété privée. Le bouddhisme ne l'avait pas attendu pour mettre en œuvre cette idée : déjà à l'époque de la royauté au Tibet, la propriété privée n'existait pas et les terres appartenaient à l'État.

Mais les bouddhistes ne placent pas les deux doctrines sur le même plan : ils considèrent le bouddhisme comme une vérité supérieure et le marxisme comme une vérité inférieure qui ne servirait qu'à faire émerger une société plus juste correspondant à l'État idéal bouddhique.

Dans son livre *Études sur le marxisme*, Heinz Bechert souligne la parenté entre l'idéal marxiste d'une société sans classe et l'idéal bouddhique. Il remarque que, bien que la théorie de la réincarnation se fonde sur une tout autre analyse des rapports sociaux, politiques et nationaux, elle rejoint l'aspiration du marxisme à une société plus juste. Il relève aussi leur souci commun de faire de l'humanité une communauté universelle.

Interrogé sur ses opinions politiques, le dalaï-lama explique qu'il reste aujourd'hui comme auparavant, pour ce qui est de l'économie, « socialiste » dans l'âme.

Dans les années cinquante, il a voulu adhérer au Parti communiste chinois. Dans sa biographie, *Au loin la liberté*, il écrit : « Plus je m'intéresse au marxisme, plus je le trouve séduisant parce qu'il propose une organisation sociale fondée sur l'égalité et la justice. » Il n'en déplore pas moins la « perception purement matérialiste de l'existence humaine ». À l'heure actuelle, il reste encore convaincu de la possibilité d'une synthèse entre le marxisme et le bouddhisme, qui contribuerait à « mettre en place une politique plus efficace ».

Violence et non-violence

Le marxisme et le bouddhisme se distinguent fondamentalement par leurs conceptions de la lutte. Le renoncement à toute forme de violence *(ahimsa)* et la théorie de la révolution permanente sont incompatibles. La doctrine marxiste postule que le monde est nécessairement conflictuel et que seule la lutte des classes parviendra à éradiquer les facteurs antagonistes. En revanche, le bouddhiste s'insurge rarement contre les injustices sociales, car il en assume la paternité. En se révoltant, il aggrave son cas. Mais les choses changent : depuis le milieu des années quatre-vingt, les Tibétains ont organisé plusieurs soulèvements, aussitôt réprimés dans le sang par les Chinois.

Le journaliste By Huitzi souligne l'inefficacité d'une politique jusqu'au-boutiste de la non-violence, surtout quand elle n'est menée que par l'une des parties en présence. Dans le cas du Tibet, on peut espérer que des déstabilisations intérieures pousseront les Chinois à envisager un retrait du Tibet. Les pays pauvres sont souvent partisans de la non-violence, car ils ne possèdent pas d'armée. Ils ne disposent pour se faire entendre que de la parole. Les autres ont les moyens de mener un combat armé.

Si le Tibet fait preuve de cohérence en politique extérieure, il n'échappe pas à quelques contradictions : quel est ce pays qui se refuse à tuer des animaux mais qui consomme volontiers la viande préparée par des bouchers non bouddhistes !

L'action politique du dalaï-lama vis-à-vis des Chinois n'est pas seulement dictée par sa volonté de respecter l'*ahimsa*. Elle correspond à une analyse réaliste des rapports de force en présence : que sont les Tibétains face à la suprématie chinoise ?

Schopenhauer, le premier « bouddhaïste »

Durant des siècles, l'Europe n'a eu qu'une idée assez approximative du bouddhisme. Les premières informations avaient été rapportées par des missionnaires jésuites. Certains philosophes s'y sont très tôt intéressés, parmi lesquels Leibniz (1646-1716). L'interprétation qu'il en propose comporte de nombreuses erreurs. Martin Baumann, dans son ouvrage consacré au bouddhisme, explique que Leibniz ne disposait pas de matériaux d'étude précis. Faute de documents, tous les penseurs et écrivains, de Kant à Nietzsche, se sont fourvoyés : ils ont réduit le bouddhisme tantôt à une doctrine nihiliste, tantôt à une thérapie.

Il a fallu attendre Schopenhauer (1788-1860), le « bouddhaïste » comme il se nomme lui-même, pour commencer à en avoir une vision plus juste. Schopenhauer voyait dans les écrits bouddhiques la confirmation de ses théories personnelles. Il doit avoir été le premier Allemand à posséder une statue de Bouddha. Le début du XXe siècle voit la naissance dans les milieux universitaires d'une école d'exégèse bouddhique, suivie de l'éclosion de groupes bouddhistes.

Les premiers bouddhistes en Allemagne ne sont donc pas des Asiatiques mais des Allemands qui s'efforcent de retrouver dans la somme impressionnante des textes sacrés la doctrine originelle de Bouddha. Ils opposent la rationalité et l'humanité du bouddhisme au dogmatisme du christianisme. Les philosophes, les artistes et les écrivains relèvent la vision éthique à vocation universelle et la profonde sagesse des enseignements bouddhiques, tandis que les hommes d'Église et les politiciens les rabaissent à un nihilisme dévastateur et à un pessimisme inconsolable. À ce jour, on dénombre en Allemagne 20 000 Allemands et 40 000 Asiatiques se réclamant du bouddhisme.

Un renouveau du bouddhisme ?

Dans les années soixante, on a assisté aux États-Unis à un véritable boom zen. Le mouvement hippie a mis à la mode le *beat zen*, qui a suscité un grand engouement pour tout ce qui venait d'Inde. Dans les années soixante-dix et quatre-vingt, des groupes se forment qui, loin de vouloir transformer la société, privilégient le développement de la spiritualité.

Le Tibet et l'Europe

Après la fuite du dalaï-lama en 1959, le bouddhisme tibétain a connu un rapide essor en Europe. L'année 1968 voit l'inauguration du monastère bouddhiste de Rikon, en Suisse, qui devient le lieu de prière des quelque mille Tibétains exilés dans ce pays. Le geshe Rabten, conseiller personnel du dalaï-lama, le dirigera jusqu'à sa mort, en 1986. Les Tibétains sont des gens simples qui s'adaptent rapidement ; ils n'ont donc eu aucune difficulté à s'intégrer en Suisse tout en conservant leur tradition. La jeune génération pose plus de problèmes. Parmi les cinq cents Tibétains adoptés en Suisse, beaucoup se droguent ; on signale même quelques cas de suicide. C'est en 1973 que le dalaï-lama a effectué son premier voyage en Europe. Dans les années soixante-dix, les lamas tibétains fondent leurs premiers centres de prière et commencent à donner des conférences. Les cérémonies rituelles attirent tout particulièrement les jeunes intellectuels.

Dans les années soixante, l'intérêt du public se portait sur la méditation ; après quoi il s'est progressivement tourné vers les enseignements du Petit Véhicule puis du Grand Véhicule ; actuellement, le véhicule tantrique, ou Véhicule du Diamant, jouit de ses faveurs.

Dans les années quatre-vingt, l'influence des groupes bouddhistes s'est fait sentir sur les mouvements écologistes qui remettaient en cause la société de consommation et les besoins artificiels qu'elle créait. Ils invitaient les gens à ouvrir les yeux et à assumer leurs responsabilités. Parallèlement, ils soulevaient la question de l'élevage intensif d'animaux et de la vivisection, incompatibles avec l'éthique bouddhique qui considère l'homme et l'animal comme des êtres de même essence.

La crise des valeurs en Occident

L'accueil très favorable que reçut la doctrine bouddhique en Amérique et en Europe est le signe d'une interpénétration des cultures. Mais cet intérêt reflète aussi le malaise spirituel de l'Occident, qui s'enracine dans le siècle des Lumières. Au XIXe siècle, les visions pessimistes de Schopenhauer ont marqué toute la littérature européenne. Schopenhauer niait la volonté de vivre et aspirait, influencé par le bouddhisme, au nirvana. On sait aujourd'hui que sa vision du bouddhisme était très éloignée de la doctrine de Gautama.

Un siècle avant l'heure, Nietzsche a prédit dans *La Volonté de puissance* la montée du nihilisme. Il se demande ce que signifie le mot « nihilisme », et il répond que rien n'existe d'absolu, que les valeurs morales sont niées et que l'homme ne sait plus donner de sens à son existence. L'idéalisme, triomphant jusqu'à cette époque, menace de basculer dans le nihilisme, dans la croyance en l'absence complète de valeurs, donc dans l'absurde.

La pensée matérialiste s'impose dans les années d'après-guerre et devient un facteur aggravant de la crise. « Nous vivons dans une société de nantis et d'individualistes forcenés qui ne rêvent que de réalisation personnelle. Nous sommes actuellement dans une période de nihilisme névrotique qui se traduit par l'alcoolisme, la drogue et la criminalité. La vie trépidante, le stress et l'isolement progressent de façon endémique », note Wolfgang Kraus dans son livre *Le Nihilisme d'aujourd'hui.*

Le marché alléchant des sectes

Les mouvements de 1968 ont mis en évidence, tant sur le plan économique, social et politique que religieux, les dysfonctionnements d'un système de pensée auquel l'homme n'adhérait plus. Ils ont ouvert des brèches dans lesquelles les sectes se sont engouffrées. Bien qu'elles restent un phénomène marginal, elles proposent toutes sortes d'offres alléchantes, susceptibles de séduire tous ceux qui ne se reconnaissent plus dans leur religion. Les Églises chrétiennes semblent indifférentes à la situation et refusent manifestement de se remettre en cause. Certains fidèles se disent encore catholiques mais pratiquent la méditation transcendantale et lisent leur horoscope.

Les gourous profitent donc allègrement du désarroi de leurs adeptes qui se découvrent par leur intermédiaire une nouvelle identité et retrouvent une raison de vivre. Le grand marché du syncrétisme religieux, fait d'emprunts à de pseudo-doctrines ésotériques et au bouddhisme, tantras et mantras à l'appui (Karma-Cola, G. Metha), a ouvert ses portes. Gonsar Rimpoché, le directeur du centre spirituel du mont Pèlerin, ne mâche pas ses mots : « Ça n'a strictement aucun intérêt et rien à voir avec un approfondissement de la spiritualité. Nous ne nous intéressons pas à l'ésotérisme, mais à l'éthique. »

Mais le sentiment d'abandon et de solitude est si fort dans notre société que l'appartenance à un groupe rassure. En contrepartie de ces « trips du bonheur », les adeptes renoncent à leur indépendance, à leur famille et à leurs amis. Pour la plupart, ils sont psychologiquement fragiles. Les bouddhistes ne supportent pas que leur religion soit assimilée à ces sectes pseudo-bouddhistes dont ils cherchent à bien se démarquer.

La Kalaçakra

Depuis les années soixante-dix, le dalaï-lama célèbre régulièrement une cérémonie initiatique *(kalaçakra)* qui a pour but de supprimer toute tension douloureuse et d'ouvrir la voie vers le nirvana. Initialement, la *kalaçakra* désigne à la fois une divinité et un écrit tantrique sur le Bouddha primitif (Adi-buddha), né de lui-même et à l'origine de toute vie. Certains observateurs ont dénoncé la naïveté du rite : quelques bâtons d'encens, un petit coup de méditation, et voilà les soucis envolés et les portes du nirvana grandes ouvertes. La *kalaçakra* est particulièrement appréciée des Occidentaux, qui sont en recherche de sérénité intérieure et d'harmonie avec le monde.

Il semble que l'Église tibétaine n'ait pas encore complètement réalisé l'incompatibilité des exigences de l'éthique bouddhique avec la superficialité occidentale. Quand on voit ces stars hollywoodiennes qui, pour soigner leur image, se prétendent bouddhistes, cela fait sourire. Mais la *bouddism light* n'est pas d'un grand secours sur la voie de la délivrance. Cette religiosité factice dessert le karma et provoque des complications ultérieures.

Le New Age

Le New Age se réfère lui aussi au bouddhisme. Il prétend avoir trouvé dans les « messages venus du lointain Orient » l'antidote miracle à la crise des valeurs. La spiritualité orientale et le développement d'une conscience universelle auront bientôt raison de cette société de consommation superficielle et conduiront à l'avènement d'une « humanité nouvelle ». Les philosophies de Newton et de Descartes, avec leur explication mécaniste des phénomènes, sont remplacées par une vision de l'univers dans laquelle Dieu devient principe de vitalité et énergie originelle du cosmos.

Les adeptes du New Age se réfugient dans la méditation et imaginent pouvoir ainsi se dédouaner d'un engagement politique concret. De même, ils se donnent bonne conscience en recherchant un état fusionnel avec la nature qui les dégage personnellement de toute responsabilité dans les problèmes d'environnement.

En matière d'enjeux économiques, politiques et écologiques, des courants de pensée comme le New Age font preuve d'une totale absence de prise de conscience des réalités et d'un déplorable manque d'esprit critique. « Difficile de traiter les crises avec ce nouveau mysticisme de bric et de broc emprunté aux sagesses venues d'Extrême-Orient », écrit Hans-Joachim Höhn dans son *Dictionnaire des sectes, courants et visions du monde*.

La théosophie, fondée au XIXe siècle par Helena Blavatsky, avait déjà ouvert la voie à ces mouvements de pensée. Son « bouddhisme ésotérique » se présente comme un mélange d'éléments empruntés au christianisme, à la doctrine du Bouddha Maitreya et à la « Grande Fraternité ». « Nombre de ces idées sont séduisantes. Quant à savoir si elles servent véritablement l'homme et les générations futures, l'avenir nous le dira », commente Carl-Friedrich von Weizsäcker.

Une « bouddhamania » ?

La France connaît aujourd'hui une épidémie de « bouddhamania ». Bien que François Jacquemart, éditeur d'un guide sur le bouddhisme tibétain, affirme qu'il n'y aurait pas plus de 10 000 bouddhistes en France, d'autres publications font état de 600 000 personnes atteintes de « bouddhamania ». L'Église catholique semble même s'en inquiéter. Le film de Bernardo Bertolucci, *Little Buddha* – réalisé, paraît-il, avec la bénédiction du dalaï-lama –, semble avoir été le phénomène déclencheur. Dans ce film, le réalisateur présente une vision tout à fait personnelle de Bouddha.

Peu de temps avant la première, le dalaï-lama se trouvait en France. Des journaux populaires ont saisi cette occasion pour titrer sur le chef de l'Église tibétaine et sur la vague d'enthousiasme qu'il déclenche. Qui sait, peut-être la presse va-t-elle bientôt tourner ses regards vers le Tibet ?

Amour et compassion

Le dalaï-lama n'a de cesse de réaffirmer que son intention n'est pas de « bouddhaïser » l'Occident. Il reste convaincu que le glas du christianisme n'a pas encore sonné. La plupart des nouveaux courants religieux ne peuvent compter sur son appui. Bien qu'il prône le dialogue entre les religions, il fait peu de cas d'une religion universelle qu'aucune doctrine précise ni aucune institution ne viendraient soutenir. Si ses responsabilités politiques envers le peuple tibétain l'ont amené à s'engager dans un combat politique difficile, elles ne lui ont pas fait oublier pour autant sa mission religieuse et spirituelle.

Le dalaï-lama reste convaincu que le bouddhisme peut venir au secours des Occidentaux, ne serait-ce qu'en leur apprenant à faire grandir en eux l'amour et la compassion envers leur prochain. Son message est simple : « Qui que nous soyons, hommes politiques, hommes d'affaires, communistes, scientifiques ou ingénieurs, laissons-nous guider par l'amour et la compassion, qui seuls justifient nos actes. Tout homme répond du destin de l'humanité entière. »

REMERCIEMENTS

J'adresse mes remerciements à Tica Broch et à Arianne Poux, de Genève, représentants du Comité suisse de soutien au Tibet, à Gyaltsen Gyaltag, de Zurich, le représentant du dalaï-lama pour l'Europe centrale et l'Europe méridionale, à l'Organisation des Nations unies et à l'Union européenne, à Geshe Thupten Tinpa, de Dharamsala, à Lama Tchokdroup, à Gonsar Rimpoché, le père abbé du mont Pèlerin, à Alexandra Hohenlohe et à Anja Meran ainsi qu'à Lea Spier et, enfin, au Dr Wanhussan Yao-Weyrauch et à Shan-Shan Wei-Blank pour leur aide et leur soutien.

TABLE DES MATIÈRES

ENTRETIENS

LE BOUDDHISME TIBÉTAIN

– Le marché alléchant des sectes – La *kala-çakra* – Le New Age – Une « bouddha-mania » ? – Amour et compassion.

Impression réalisée sur CAMERON par

BRODARD & TAUPIN

GROUPE CPI

La Flèche

pour le compte des Éditions Michel Lafon
en août 2004

Imprimé en France
Dépôt légal : septembre 2004
N° d'impression : 25672
ISBN : 2-7499-0161-8
LAF 607